振佛獎 慧惺 大宗師

화보로 본 진불장 혜성 대종사

振佛獎 慧惺 大宗師
화보로 본 진불장 혜성 대종사

발행일 | 불기 2560년(2016)년 7월 1일
지은이 | 진불장 혜성대종사 문도회
펴낸이 | 김경배
발행처 | 대한불교조계종 도선사 / 화남출판사
등   록 | 제2014-000182호
주   소 | 서울시 강북구 삼양로 173길 504 도선사
주   소 | 서울시 마포구 토정로 222, 한국출판콘텐츠센터 419호(화남)
연락처 | 도선사 02-993-3161 / 화남출판사 070-4032-3664
제작처 | 한일기획 02-2279-6425
디자인 | 디자인아프리카 02-6010-0907
사   진 | 임종선 010-2251-2168
題   字 | 素殷(소은) 이기록

ISBN 978-89-6203-120-1

값 : 100,000원

인생 80년, 수행 60년

振佛獎 慧惺 大宗師

화보로 본 진불장 혜성 대종사

三角山 道詵寺

大宗師·第2560-3號

法 階 證

稟敍法階：大宗師　　　法　號：振佛獎
　　　　　　　　　　　法　名：慧　惺
　　　　　　　　　　　姓　名：李根培
　　　　　　　　　　　僧籍番號：0156-1802

本 宗 宗憲과 法階法의 規定에 依하여
위 法階를 稟敍함

佛紀 2560(2016)年 4月 20日

大 韓 佛 敎 曹 溪 宗

法階委員長 呆 山 慧 元

宗　正 眞際法遠

진불장 혜성 대종사 법계증. 2016년 4월 20일.
"본종 종헌과 법계법의 규정에 의하여 위 법계를 품서함." 이라고 적혀있다.

대종사 가사를 수한 진불장 혜성 대종사가 불자를 들고, 휘장을 착용했다.

2016년 4월 27일.

부처님 가르침
대중에게 회향한 은사 스님

"대저 우리 인생의 한 세상 삶이 건장한 청년기가, 머물지 않음이 달리는 말과 같고, 풀끝에 이슬 같고, 지는 해와 같으니 무상(無常)이 빠름을 말함이다." 경허(鏡虛) 대선사의 '계차청심법문(契此淸心法門)' 가운데 한 구절입니다. 출가자 본분에서는 세월의 흐름에 얽매이지 말고 초연해야 하건만, 은사이신 혜성 대종사의 산수(傘壽)를 맞이하고 보니 무상한 마음 숨길 수 없습니다.

은사 스님은 한국불교 중흥과 대한불교조계종의 토대를 구축한 청담 대종사의 상수(上首) 제자로 일평생 수행하고 정진했습니다. 청담 큰스님의 유지를 계승하겠다는 원력과 공심(公心)으로 중앙승가대학장, 총무원 사회부장, 중앙종회의원 등 종단 공직에 봉직했습니다. 또한 작은 암자에 불과했던 도선사를 수도권을 대표하는 기도도량으로 장엄하는 중창불사의 원력을 실현했습니다.

부처님의 대자대비한 가르침을 세간에 전하기 위해 청담종합사회복지관, 혜명복지원, 혜명양로원 등 17개 복지시설을 운영하는 사회복지법인 혜명복지원의 초석을 놓았습니다. '나눔으로 함께하는 자비복지 세상, 이웃이란 이름으로 함께 나눌 수 있는 행복한 세상'을 구현하겠다는 원력으로 도선사 사부대중과 복지시설 종사자들은 오늘도 노력하고 있습니다.

교육은 백년대계(百年大計)라고 했습니다. 인재양성의 중요성을 누구보다 깊이 인식한 은사 스님은 평택 팽성중학교를 인수, 청담학원 산하에 청담중고등학교를 설립하여 교육불사를 실행에 옮겼습니다. 1970년대 중반까지만 해도 교육에 대한 중요성을 깊이 인식하지 못하고 있던 불교계 현실을 감안할 때, 은사 스님의 결단은 혜안(慧眼)이었습니다. 청담중고등학교에서 배출된 2만 4,000여 명의 졸업생이 우리 사회 곳곳에서 국가와 지역발전의 동량으로 성장하였으니, 고마운 일이 아닐 수 없습니다.

귀의삼보경(歸依三寶竟) 소작제공덕(所作諸功德) 시일체유정(施一切有情) 개공성불도(皆共成佛道).
"삼보에 귀의하여 맡기고 지은 모든 공덕을 일체 중생에게 베풀어 다 같이 불도를 이루어지이다." 부처님께 예(禮)를 올릴 때 외는 경구로 불제자의 본분이 상구보리하화중생(上求菩提下化衆生)에 있음

도선사 주지 도서 스님

을 강조하고 있습니다. 은사 스님의 삶은 이처럼 부처님의 가르침을 대중에 돌리는 회향(廻向)에 있다고 여겨집니다.

은사 스님의 삶에서 한 가지 마음 아픈 일이 있습니다. 1980년 10월 27일 법난(法難)의 상처를 온몸으로 겪었기 때문입니다. 당시 통도사 강원에 다니다 잠시 상경(上京)한 소납은 도선사에서 군인들에게 강제로 연행되는 은사 스님의 참담한 모습을 목도했습니다. 과대 포장된 허위 사실이 언론에 대대적으로 보도 되었으며, 서빙고 분실에서 말 못할 고초를 겪으셔야 했습니다. 20여일 뒤 석방되었지만 고문의 후유증으로 병마(病魔)에 시달리는 은사 스님의 법체(法體)를 추스를 수 있도록 간병을 소임으로 여기며 시봉했습니다. 지금도 그때 일을 떠올리면 마음이 무너집니다. 1989년 강영훈 국무총리가 10·27법난 사과 담화문을 발표해 누명을 벗은 것은, 늦었지만 다행이라 하지 않을 수 없습니다.

지난 4월 은사 스님은 종단 최고 법계(法階)인 대종사(大宗師)를 품서 받았습니다. 만시지탄(晩時之歎)이지만, 기쁜 일입니다. 한국불교와 종단, 그리고 도선사를 위해 헌신한 스님의 공을 인정받았기에 가능한 일이었습니다.

이번에 발간하는 은사 스님의 화보집은 격동의 세월을 온 몸으로 겪으며, 수행자의 길에서 벗어나지 않았던 자취를 있는 그대로 담았습니다. 은사 스님과 인연 있는 분들의 회고도 실었습니다. 이 책이 후학과 불자들에게 인생의 등대 같은 역할을 해주길 기대합니다. 그동안 화보집을 만들기 위해 정성을 다해준 실무진들에게 감사 드립니다.

산수를 맞이한 은사 스님이 건강을 속히 회복하여, 문도들은 물론 사부대중의 의지처가 되어 법의 등불을 밝혀주시길 기원합니다.

불기 2560년(2016년) 7월 1일
대한불교조계종 삼각산 도선사 주지 도서 합장

불국정토의 꽃을
활짝 피우는 소중한 인연

"인신난득(人身難得) 불법난봉(佛法難逢)"이라고 했습니다. 사람 몸 받기 어렵고, 부처님 법 만나기 어렵다는 세존의 가르침입니다. 삼계화택(三界火宅)의 사바세계에서 불법(佛法)을 만난 혜성 대종사가 육십갑자(六十甲子)를 다시 만났으니 이 어찌 지중한 숙세(宿世)의 인연이라 하지 않을 수 있겠습니까.

진불장 혜성 대종사의 산수(傘壽)를 맞아 〈인생 80년, 수행 60년〉이란 제목의 책을 문도들이 뜻을 모아 펴낸 것은 개인을 떠나 종단의 근현대 역사를 정리했다는 점에서 의미가 큽니다. 문도와 관계자들의 노고를 치하하며, 이번에 나온 책이 혜성 대종사의 삶을 오롯이 살펴보고, 그 원력을 후대에 전하는 소중한 자료가 되기를 바라마지 않습니다.

혜성 스님은 한국불교의 기틀을 놓은 청담 대종사의 상좌로 은사에 대한 효심(孝心)이 매우 깊습니다. 불교정화운동과 통합종단 출범, 그리고 청담 대종사가 열반에 들 때까지 한시도 곁을 떠나지 않고 시봉하면서 대한불교조계종이 한국불교의 정맥(正脈)을 계승할 수 있도록 각고의 노력을 다했습니다.

청담 대종사 열반 후에는 유지를 바르게 받들고 선양하는 것은 물론 중앙승가대 학장과 총무원 사회부장, 중앙종회의원 등 종단의 공직을 맡아 공심(公心)과 신심(信心)으로 소임을 보았습니다. 이와함께 청담중고등학교와 사회복지법인 혜명복지원을 설립해 교육과 복지로 부처님 가르침을 전하고 중생을 제도하기 위한 노력도 게을리 하지 않았습니다.

1980년 신군부에 의해 자행된 10 · 27법난의 최대 피해자로 억울한 누명을 뒤집어 쓰고, 갖은 고초를 겪으며 커다란 상처를 받았지만, 수행자로서 형극(荊棘)의 길을 감내했습니다. 1989년 정부의 공식 사과로 명예를 회복한 것은 혜성 대종사 개인뿐 아니라 우리 종단과 한국불교를 위해서도 다행이라 하지 않을 수 없습니다.

혜성 대종사가 지난 4월 20일 팔공총림 동화사에서 종단의 최고 법계인 대종사 품서 받은 것은 매우

조계종 원로회의 의장 밀운 스님

기쁜 일로 경하(慶賀)합니다. 종단과 한국불교에 기여한 공로와 스님의 수행력을 감안할 때 늦은 감이 없지 않았지만 환희심 나는 법석(法席)이었습니다.

혜성 대종사의 산수를 맞아 펴내는 이번 책이 스님의 삶과 수행을 대중과 후학에게 전하는 소중한 씨앗이 되길 바랍니다. 그 씨앗이 불교와 사회에 뿌리 내려, 감화 받은 후인들이 불국정토의 꽃을 활짝 피우는 소중한 인연이 되기를 기원합니다.

불기 2560년(2016년) 7월 1일
대한불교조계종 원로회의 의장 밀운 합장

사바세계에
밝은 등불을 밝혀 주시길

진불장 혜성 대종사의 산수(傘壽)를 맞아 문도들이 원력을 모아 〈인생 80년, 수행 60년〉을 발간하게 된 것을 진심으로 축하드립니다. 이 책은 정화, 수행, 교육, 복지, 불사 등 다방면에 뚜렷한 업적을 남긴 혜성 대종사의 삶과 수행의 진면목이 오롯이 담겨 있습니다.

대종사의 법향(法香)을 잊지 않으려는 문도들은 물론 사부대중에게도 삶의 지침을 담은 소중한 책이 되어줄 것입니다. 또한 종단발전과 한국불교 중흥을 위해 가시밭길을 감내한 대종사의 삶은 후학들에게 지남(指南)을 보여주기에 충분할 것으로 여겨집니다.

대종사께서는 왜색불교를 청산하고, 청정승가를 구현하기 위해 정화불사에 진력하신 청담 대종사를 시봉하며 종단의 초석(礎石)을 놓는데 공헌하였습니다. 당시에 열악한 종단의 재정을 책임지는 소임을 맡아 효봉, 동산, 청담, 금오, 경산 스님 등 선지식과 사부대중을 외호하기 위해 노력하였습니다. 또한 수행자의 위의(威儀)를 지키며 4년간 총무원 사회부장 소임을 무탈하게 역임하고, 6년 동안 중앙승가대 학장을 맡아 정규대학으로 인가받는 등, 종단발전과 인재불사에 헌신하였습니다.

일제강점기와 1950~60년대 선대(先代)의 위법망구(爲法忘軀) 정신으로 성취를 이룬 불교정화불사는 종단의 주춧돌을 놓았고, 그 위에 기둥을 세우고 기와를 올렸기에 지금의 한국불교가 가능하게 되었다고 평가받고 있습니다. 이를 바탕으로 공심(公心)과 원력(願力)을 근간으로 부단히 변화하고 발전하여 지금은 불자와 국민의 귀의처로 자리 잡아가고 있습니다.

이러한 시대적 흐름에 동참하면서도 혜성 대종사는 불교의 사회적 활동에 남다른 관심을 기울여, 청담중고등학교를 설립 운영하고 사회복지법인 혜명복지원 산하에 청담종합사회복지관, 혜명양로원, 청담어린이집 등의 다양한 기관을 통해 부처님의 자비사상을 널리 전하는데도 소홀함이 없었습니다. 1970년대는 불교계는 물론 사회에서도 교육과 복지에 대한 관심이 미약했을 때였기에 시대적으로도 그 의미가 상당한 것이었으며, 교육과 복지가 한국불교와 한국사회가 지향해야 할 중요한 가치가 있

조계종 총무원장 자승 스님

다는 점을 인식한 선구자적인 실천이라 할 것입니다.

해방과 한국전쟁, 그리고 불교정화의 거센 파도에도 불구하고, 대종사는 100년 앞을 내다본 미래지향적인 관점에서 불자와 국민이 미처 돌아보지 못한 곳에 눈을 돌려 솔선수범의 삶을 보여주셨습니다.

대종사의 노력과 헌신은 한국불교의 정통성을 계승한 우리 종단이 앞으로 나아갈 방향을 올곧게 제시하고 실천하셨기에 종단적으로도 고마운 일이라 할 것입니다.

더불어 스님은 1980년 10·27법난의 고초를 겪었지만, 억울한 누명을 벗고 역사를 바로 잡는데 헌신하셨고, 종단도 명예회복을 이루어 나가고 있습니다. 그 결과 '10.27법난 피해자의 명예회복 등에 관한 법률'이 제정되고, 국무총리 소속으로 10·27법난피해자명예회복심의위원회가 구성되어 그 결실을 이루어 내는데 항상 중심에 계시기도 하였습니다. 진정한 명예회복을 통해 인권신장과 국민화합에 이바지하는 전화위복의 계기가 되리라 생각합니다.

다시 한 번 〈인생 80년, 수행 60년〉의 출간과 대종사 품서 기념법회를 경하 드리며, 청담 대종사의 원력을 계승한 혜성 대종사께서 법체(法體) 강건(剛健)하여 문도들은 물론 종단과 한국불교 나아가 사바세계에 밝은 등불을 밝혀 주시길 기원합니다.

불기 2560년(2016년) 7월 1일
대한불교조계종 총무원장 자승 합장

대원력 실현 위해
묵묵히 걸어온 삶

불교정화운동 당시 어른 스님들은 3대 목표로 도제양성의 현대화, 포교의 현대화, 역경의 현대화를 제시하였습니다. 불교가 더 이상 산에 머물지 않고, 대중의 곁으로 다가가고자 하는 원력이 들어있었습니다. 이번에 산수(傘壽)를 맞이한 혜성 대종사는 정화불사 당시 종단과 어른들의 대원력을 실현하기 위한 삶을 묵묵히 걸어 왔습니다.

특히 도제양성(徒弟養成)에 대한 발원을 구현하기 위한 각고의 노력은 한국불교사에 한 획을 그었다고 해도 지나친 말이 아닙니다. 대종사는 교단 안으로는 중앙승가대를 통해 현대문명 사회를 선도하는 지도자로서의 승가를 양성하기 위해 최선을 다하였습니다. 특히 1988년 봄 석주 큰스님의 뒤를 이어 학장으로 부임한 후 종단 숙원의 하나인 중앙승가대의 대학 인가를 받기 위해 혼신을 기울였습니다. 동문의 한 사람으로 대학 인가를 성취하려고 노심초사하던 대종사의 원력을 너무나 잘 알고 있으며, 지금도 고마운 마음을 갖고 있습니다.

그 결과 혜성 대종사가 학장으로 재직하던 1989년 7월 중앙승가대의 모체인 법인(승가학원)을 인가 받은데 이어, 1990년 2월 대학 인가, 1991년 학력 인가를 받는 쾌거를 이루었습니다. 중앙승가대가 국가에서 인정한 명실상부한 교육기관으로 거듭나게 되었으며, 이후 안암학사에서 김포학사로 이전하여 도제양성의 요람으로 발전을 거듭하고 있습니다. 당시 혜성 대종사는 "이는 불보살의 가피요, 시절 인연이 도래했기 때문"이라면서 "전 종도들의 간절한 기도와 승가대 동문 선배들의 끊임없는 노력, 그리고 재학생들의 원력"이라며 공을 대중에게 돌렸습니다.

혜성 대종사는 승가교육은 물론 일반 학생의 교육에도 지대한 관심과 지원을 아끼지 않았습니다. 은사 스님의 법명을 담은 청담학원 산하에 청담중학교와 청담고등학교를 설립하여 지역을 넘어 한국사회의 주인공이 될 청소년을 길렀습니다. 그 결과 청담고등학교는 제38회 1만 2,756명, 청담중학교는 제43회 1만 1,559명의 졸업생을 배출하였습니다. 지금은 청담, 혜성 대종사의 유지를 계승한 도선사

조계종 중앙종회 의장 성문 스님

문도들이 학교법인 청담학원의 주요 소임을 맡아 대한민국을 이끌어갈 미래의 동량(棟樑)이 될 학생 교육에 만전을 기하고 있습니다.

이밖에도 혜성 대종사가 종단과 한국불교의 발전을 위해 쌓은 공적은 일일이 헤아리기 어려울 정도입니다. 대종사의 삶과 자취, 수행과 흔적을 이번에 출간하는 〈인생 80년, 수행 60년〉에 잘 담았다고 생각합니다. 한국전쟁이 끝난 직후 구도수행(求道修行)의 대원력을 세우고 출가한 혜성 대종사의 가르침은 후학과 불자들의 삶에 귀감이 되기에 모자람이 없습니다.

무상(無常)의 진리를 설한 부처님 가르침을 모르는바 아니지만, 유수와 같이 흘러가버린 세월에 혜성 대종사가 산수(傘壽)를 맞이하였으니, 감회가 남다르지 않을 수 없습니다. 부디 건강을 회복하여 도제(徒弟)들은 물론 불자와 많은 분들에게 진리의 가르침을 전해주시길 기원합니다.

불기 2560년(2016년) 7월 1일
대한불교조계종 중앙종회 의장 성문 합장

후학과 불자들에게
밝은 빛을 비춰주시길

세상의 모든 일이 무상(無常)하니 집착하지 말라는 부처님 가르침을 모르는 바 아니지만, 강물처럼 바람처럼 흘러간 시간을 되돌릴 수 없으니 제행무상(諸行無常)의 진리가 더욱 마음 깊게 다가옵니다.

옷깃만 스쳐도 전생에 500겁의 인연이 있어야 한다고 했습니다. 그런데 청담 대종사 회상에서 사형사제로 만나 반백년이 넘는 세월을 함께한 사형 혜성 스님과의 지중한 인연을 어찌 언설로 형언할 수 있겠습니까.

50여 년 전 도선사에서 처음 사형을 만났을 때가 마치 어제처럼 손에 잡힐 듯한데, 어느새 혜성 스님이 세수로 산수(傘壽)를 맞이하니 감회가 남다르지 않을 수 없습니다.

혜성 사형은 청담 대종사를 시봉하며 그 뜻을 실천하기 위해 누구보다 노심초사하며 노력했습니다. 어른의 말씀이라면 단 한 가지도 거역하지 않고 순종하던 젊은 시절의 사형 모습이 눈에 선합니다. 그기에 은사 스님의 모습과 행동은 물론 가르침과 원력을 계승하고자 평생을 보냈습니다. 은사 스님의 갑작스러운 열반에 애통해하던 모습도 어제처럼 생생합니다.

사형은 은사 스님이 열반에 든 이후 그 유지를 잇기 위해 백방으로 뛰어 다녔습니다. 도선사 주지 소임을 맡아 불교의 현대화, 대중화, 생활화를 구현하는 전법과 포교에 진력을 했습니다. 또한 불자는 물론 국민과 함께하는 한국불교를 실현하겠다는 원력으로 교육, 복지, 언론의 새로운 영역을 개척하는 역할을 수행했습니다. 그 과정에서 크고 작은 어려움이 적지 않았습니다. 특히 1980년 10 · 27법난으로 누명을 입고 몸과 마음에 큰 상처를 입었습니다. 하지만, 은사 스님의 가르침과 뜻을 계승한다는 원력과 출가수행 자의 군건한 신심으로 이겨냈습니다.

지금의 도선사가 수도권을 대표하는 기도도량이자 호국참회총본찰(護國懺悔總本刹)의 위상을 갖추게 된 씨앗은 청담 대종사가 뿌렸습니다. 이후 혜성 사형을 위시로 소납과 문도들이 토대를 튼튼하게 구축 했습니다. 이제는 꽃을 활짝 피우고 열매를 맺을 인연이 왔습니다.

도선사 조실 현성 스님

사실 반백년이 넘는 세월이 흐르며 사형 혜성스님과 때로는 서로 격려하고, 때로는 의견 차이와 오해로 감정이 생긴 적도 있었던 것이 솔직한 고백입니다. 그러나 세월이 흐르고, 서로의 진심(眞心)을 확인한 후에는 그 어떤 원망도 남아 있지 않습니다. 스님께서 말씀한 후 나도 마음을 열었고, 사형 역시 마음을 열었기에 가능한 일이었습니다. 고마운 일입니다.

출가사문으로 세속의 나이와 세상의 일에 연연해서는 안 되겠지만, 무상 하게 흐르는 세월에 무덤덤할 수만은 없습니다. 사형이 팔순을 맞이한다는 소식을 듣고 옛일을 돌아보았습니다. 은사 스님과 인연 깊은 성철 큰스님은 생식을 하셨고 은사스님과 대중은 시래기 된장 죽으로 끼니를 해결했습니다. 어려운 형편이었지만 성철 큰스님은 생식을 하셨기에 원주인 소납이 동대문시장에 가서 시장을 보았습니다.

교통편도 변변치 않았습니다. 수유리 4 · 19탑 버스 종점에서 절까지 모든 짐을 지게에 지고 올라왔습니다. 시장에 가지 않는 날이면 뒷산에 올라 하루에 네 짐이나 나무를 해서 날랐을 만큼 고생이 많았습니다. 길게만 느껴졌던 그 시절이 지금은 낮잠 한 숨 자고난 듯 짧기만 합니다. 세월이 흐르고 흘러 돌아보니 그 시절 그 일들이 오히려 공부에 도움이 됐습니다, 그러니 세상사는 선연(善緣) 아닌 것이 없습니다.

혜성 사형이 산수를 맞아 나오는 책이 스님의 발자취를 후대에 전하는 방편이 되길 바랍니다. 또한 사형이 건강을 회복하여, 후학과 불자들에게 밝은 빛을 비춰주시길 기원합니다.

불기 2560년(2016년) 7월 1일
대한불교조계종 삼각산 도선사 조실 현성 합장

17

축
사

난관에 봉착해도
불굴의 의지와 지혜로 극복

먼저 진불장 혜성 사형님의 화보집 발간을 축하합니다.

은사 청(靑)자 담(潭)자 큰스님 회상에서 출가수행자의 본분을 배우고 익히며 수행해 온 젊은 날이 파노라마처럼 눈에 선합니다. 사형 진불장 혜성스님과 사형사제의 인연을 맺고 불가에서 살아온 세월도 쏜살같이 지나갔습니다. 그러나 다시는 그때로 돌아갈 수 없으니 비록 출가사문이지만 안타까운 마음을 금할 수 없습니다.

더구나 혜성 사형의 세수가 올해로 80이 되셨으니 속절없이 흘러간 세월이 야속하기만 합니다. 진불장 혜성 사형님은 고향이 같고 동문 선후배로 출가 후에도 마음을 열고 지금까지 한 도량에서 지내고 있으니 지중하고 지중한 인연임에 틀림 없습니다.

얼마 전 팔공산 동화사에서 종단의 최고 법계이누 대종사로 품수 받으시니 법계의원으로써 저는 기쁜 마음을 말로 표현할 수 없습니다. 혜성 사형님은 은사인 청담 큰스님을 지극정성으로 모셨습니다. 부처님의 십대제자 가운데 부처님을 가장 가까이에서 모신 아란존자와 다름없다고 생각됩니다.

은사 스님께서 불교계와 종단에서 한국불교의 미래를 고민하고 개척해 나갈 때 그 곁에는 혜성 사형이 있었습니다. 어른이 미처 살피지 못한 부분까지 알아내어 은사 스님이 종단을 위한 대업을 차질 없이 수행할 수 있도록 그림자 같은 역할을 해 왔습니다.

은사 스님께서 갑자기 열반에 드시어 대중이 슬픔에 잠겼을 때 누구보다 비통해 하면서도 끝까지 위의(威儀)를 잃지 않고 여법하게 다비식을 마칠 수 있도록 중심에 서 있었습니다. 은사 스님의 유지를 받들어 도선사를 한국을 대표하는 수행처이자 기도도량으로 장엄하기 위해 부단의 노력을 기울였습니다. 전국 각지에서 참배하기 위해 오는 불자들의 행렬이 끊이지 않는 대도량(大道場)이 되었습니다.

혜성 대종사는 평소 교육과 복지에 남다른 애정과 관심이 있었습니다. 은사 스님의 법호(法號)를 붙인 청담학원과 산하에 여러 유관 단체를 비롯한 10여개가 넘는 복지시설은 불교 가르침의 핵심인 자비

청담장학문화재단 이사장 동광 스님

(慈悲)에 있음을 깊이 알고 그 사상을 널리 펴 나갔던 것입니다.

이같은 원력의 실현은 평소 '검정고무신'으로 상징되는 스님의 검소함, 공심(公心) 그리고 추진력이 있었기에 가능한 일입니다. 하루 24시간이 모자랄 정도로 불사(佛事)를 세밀히 점검하였으며 간혹 난관에 봉착해도 불굴의 의지와 지혜로 극복해 나갔던 것입니다. 이번에 나오는 〈인생 80년, 수행 60년〉은 진불장 혜성 스님의 지나온 발자취를 고스란히 담고 있습니다.

다복한 가정에서 태어나 고등학교까지 마쳤지만 불연이 깊어 사문이 되는 과정과 이후 은사 스님을 도와 불교정화와 종단 공직을 맡았던 당시의 활동도 실려 있습니다. 교육과 복지, 도선사와 지장사의 불사과정에 대한 생생한 과정이 기록되어 있습니다. 어찌 이 한권의 책에 모두 담을 수 있겠습니까마는 이렇게라도 자료를 취합하지 않으면 안 되겠기에 문도들이 원력을 내어 발간하게 된 것입니다.

한 가지 안타까운 일은 10 · 27법난 당시 억울한 누명이 정부의 공식 사과로 명예가 회복되었지만 그 후유증으로 건강이 많이 좋지 않다는 것입니다. 부디 건강을 회복하시어 후학들과 불자들에게 넉넉한 미소로 가르침을 전해주시길 기원합니다. 그리고 이 책을 만드는데 애써준 모든 이들의 노고를 치하하는 바입니다.

지자(知者)는 현혹되지 않고

인자(仁者)는 근심하지 않고

용자(勇者)는 두려워하지 않는다.

불기 2560년(2016년) 7월 1일

대한불교조계종 삼각산 도선사 회주, 청담장학문화재단 이사장 東光 합장

振佛獎 慧惺 大宗師

혜성 대종사가 걸어온 길

1937년   7월 5일(음력 5월 27일).
          경북 상주시 모서면 토안리 433번지에서 이우현(승택) 거사와 이태임 보살의 장
          남으로 출생. 본관 영천 이씨. 속명 근배.

1950년   경북 상주 모서초등학교 졸업.

1953년   경북 상주중학교 졸업.

1956년   대전공업고등학교 졸업(현재 대전산업대학교). 상주 원적사로 입산해 팔공산 파
          계사 성전암을 거쳐, 삼각산 선학원에서 청담 대종사를 은사로 모시고 출가.

1957년   청담 대종사에게 득도. 법명 혜성(慧惺). 종정 동산 스님에게 사미게 수지. 불교정
          화운동 불사에 참여.

1961년   도선사 삼각선원에서 청담 대종사 회상에서 하안거 성만.

1962년   금정산 범어사에서 종정 동산 스님에게 비구계및 보살계 수지.

1963년   실달승가학원 대교과 수료(강주 청담 대종사).

1964년   동국대 불교학과 졸업. 청담 대종사 도선사 주지 재임시 재무로 역임하며 호국참
          회원 건립 주도. 청운당 철거 백운정사로 신축 청담 대종사 주석.

1965년   도선사 주지 역임. 석불전 1차 확장불사 준공.

1966년   도선사 독성각 신축불사 회향.

1967년   도선사 삼각선원에서 2하안거 성만(청담, 성철, 서암, 법전 스님).

1968년   동국대 대학원 불교학과 졸업. 석사학위 취득.

1969년   조계종 총무원 재정국장.

1970년   세계평화촉진종교지도자 대회 한국대표로 참석(일본). 도선사 전화 전기 불사 성
          취. 청담 대종사 보좌해 도선사 진입로 청담로 개설 도로포장 불사 성취. 세계불
          교지도자 조직위원회 재정부장(성공적으로 소임 완수). 주간 〈도선법보〉 창간(전
          국사찰 최초).

1971년   조계종 제3대 중앙종회의원 당선. 청담 대종사 열반(사리 8과 출현). 도선사 천불
          전 불사 회향.

1972년   동국대 대학원 불교학과 박사과정 수료. 청담 대종사 기념사업회장 역임. 도선사
          안양암 신축불사 회향. 안양암 주차장 완공(약 1000평). 도선사 청담로에 자비무
          적 방생도량, 천지동근 만물일체 일주석 건립.

1973년   주간 〈도선법보〉 사장 취임. 불교사회문제연구소 건립. 소장 취임. 조계종 중앙포교사 역임. 첫 수상집 〈자비무적〉 간행. 청담 대종사 사진첩 〈아! 청담 큰스님〉 발행.

1974년   조계종 총무원 사회부장 역임(4년). 조계종 국제포교사 역임. 〈대한불교신문(지금의 불교신문)〉 편집간사 역임. 새마을훈장 근면장 수상. 청담 대종사 저서 〈마음〉, 〈선〉, 〈혼자 걷는 이 길은〉, 〈마음의 노래〉, 〈새마음〉 등 8권 간행.(간행위원장)

1975년   도선사 제3대 주지 취임. 팽성중학교 인수 학교법인 청담학원으로 개편. 새 교명 청담중학교. 이사장 취임. 동국대 불교대 강사(14년간 사찰관리론 강의). 국방부장관 표창(호국불교 선양 공적). 문화공보부장관 표창(도선사 전국 최우수 사찰관리 선정). 종정예하 표창(청담대종사기념사업회에서 청담 대종사 사리탑 불사 회향 공로). 청담중학교 현관에 석가모니불 입상(높이 4미터) 건립.

1976년   청담 대종사 사리탑 비명 건립. 김기용 보살 운영하던 보육원 인수 사회복지법인 혜명복지원(보육원)으로 개편 도선사에서 운영. 혜명복지원 이사장 취임. 제11차 세계불교대회 한국대표단 단장으로 참석(태국 방콕). 스리랑카 반다라게이르 수상 만나 불교를 통한 국교 개설 헌신적 공헌. 스리랑카 부처님오신날 행사 참석. 한국 스리랑카 협회 초대 회장. 부처님 탄생지 룸비니 개발 한국위원회 사무총장. 학교법인 청담학원 불교 교과서 〈자비〉, 〈정진〉, 〈지혜〉, 〈정각〉, 〈광명〉 편저 간행. 1977년 대한적십자사 중앙위원회 조직위원. 청담 대종사 석상 조성, 점안불사 회향.

1978년   한국반공연맹 불교지부장. 수상록 〈이 마음에 광명을〉 간행. 월간 〈여성불교사〉 창간 발행인.

1980년   대한불교총연합회 이사장 취임. 신군부가 자행한 10·27법난으로 고초.
              도선사 주지직에서 강제 퇴임.

1981년   한국종교인협회 상임이사.

1982년   한일불교교류협의회 상임이사. 학교법인 형석학원 이사 취임.

1983년   세계불교도우의회 한국지부 이사장. 미국 버클리 대학 초청으로 미국 교육계 시찰.

1984년   평택시군 불교단체연합회장(10년간) 역임.

1985년   호국지장사 주지. 청담종합고등학교 교장.

1987년	학교법인 청담학원 법당 '청담정사' 건립 준공.
1988년	중앙승가대학장 취임. 서울 개운사 주지 역임. 제9대 중앙종회의원 당선(교화분과위원장). 학교법인 승가학원에 교지 6000여평 등기(교육부에서 학교법인 승가학원으로 기증, 승인).
1989년	봉은사 회주. 중앙승가학원 상임이사. 청담종합고등학교 명예교장.
1990년	중앙승가대 학장 재임. 중앙승가대 4년제 대학학력 인정 각종학교 인가. 학교법인 금강학원 영동공과대 이사 선임. 호국지장사 진입로 개설 포장불사 회향.
1991년	삼전종합사회복지관장 역임. 조계종 교육심의위원.
1992년	제10대 중앙종회의원 당선. 학교법인 청담학원 이사장 재취임. 호국참회 기도도량 삼각산 도선사 회주 추대.
1993년	불교방송국 이사. 중앙승가대 김포학사 부지(약5만평) 소유권 학교법인 승가학원으로 등기이전 완료.
1994년	불교텔레비전 이사. 서구문명의 발생과 그리스 이집트 등 유럽국가 기독교 성지 순방. 호국지장사 회주 추대.
1995년	신당어린이집 위탁 관리. 사회복지법인 혜명복지원 부설 청담종합사회복지관장 취임.
1996년	불교사회문제연구소 개편하여 청담사회복지연구원 개원 원장 취임.
1997년	학교법인 청담학원 명예이사장. 사회복지법인 혜명복지원 명예이사장 화갑기념 불교문집 〈이 마음에 광명을〉 발간.
2012년 10월	도선사 청담 대종사 문도회 문장(門長) 추대.
2015년 9월	조계종 법계위원회 대종사 품수 전형.
2015년 10월	조계종 원로회의 대종사 법계특별전형 심의.
2016년 4월	대종사 법계 품수.

이 땅이 곧 불국토요,
삼라만상이 모두 부처님의 모습입니다.

목차

나의 삶을 돌아보며

진불장 혜성 대종사

隙駒光陰(극구광음). 달리는 말을 벽의 틈으로 내다보면 순식간에 지나간다는 말이다. 중국의 역사서 〈사기(史記)〉에 나오는 고사로, 눈 깜짝할 사이에 지나가는 짧은 인생을 상징적으로 표현한다.

불가(佛家)에도 '세상의 모든 일은 항상하지 않고 변한다'는 제행무상(諸行無常)의 가르침이 있다. 세월의 무상을 표현한 것으로, 그 어떤 것에도 끄달리지 말고 '바로 이 순간'에 집중하여 수행 정진하라는 의미이다.

하지만 흘러간 세월이 어찌 아쉽지 않을 수 있겠는가? 양친 슬하에서 속세 공부를 하다, 숙세(宿世)의 지중한 인연으로 불문(佛門)에 들어 사문(沙門)의 길에 들어선 것이 엊그제 같은데, 수십 년 세월이 찰나(刹那)에 지나갔다. 세상의 나이는 산수(傘壽, 80세)가 되었고, 법의 나이는 이순(耳順, 60년)이 되었지만, 불은(佛恩)과 시은(施恩)에 보답했는지 자문(自問)한다.

60여 년 전 어머님이 직접 만들어주신 먹물 바지저고리와 두루마기를 입고 떠나던 그날이 엊그제 같다. 어둠이 물러가지 않은 새벽녘 집을 나서는 나의 손을 잡은 어머니의 떨리는 목소리가 지금도 생생하다. "내가 너를 부처님께 빌고 빌며 기도하여 낳았는데, 그 보답으로 부처님의 큰 은혜를 생각하여, 너를 다시 절로 부처님께 되돌아 가나 보다."

출가자는 세속과 인연을 끊어야 한다고 했다. 부처님도 왕위를 마다하고 설산(雪山)에서 수행에 전념했음을 모르는바 아니다. 하지만 내가 세상에 태어나 출가의 인연을 맺어준 분이 부모님 아닌가. 지금은 사바세계와 인연을 다하고 서방(西方)으로 가신 엄부(嚴父)와 자친(慈親)의 은혜(恩惠)를 떠올리면 마음이 무겁다.

화갑기념 진불장 혜성 대종사

1956년. 한국전쟁이 휴전된 지 3년의 세월이 흘렀지만, 세상은 여전히 혼란스러웠다. 폐허를 딛고 국가재건을 위해 합심(合心)하여 노력했지만, 전쟁의 상처는 크고 깊었다. 불교 집안도 어려움은 마찬가지였다. 왜색불교를 타파하고 청정승단을 구현하기 위한 비구승들이 숫적 열세에도 불구하고 불교정화운동의 깃발을 높이 올렸다. 그 중심에 나의 은사 청담 대종사가 계셨다.

서울 조계사 경내의 조계종 총무원장 집무실에서 청담 대종사를 처음 친견하고, 오체투지로 삼배의 예를 올렸다. 자비로운 표정의 은사 스님은 "이제 중이 되었으니, 정신 바짝 차리고 공부해야한다"며 손을 잡아 주었다. 얼마 전에 그 시절의 일기장을 들추어 보니 "다생 겁에 윤회의 길을 헤매느라고 잃어버린 나를 찾고 참다운 나를 알고 영원한 깨달음을 얻어 사나이 대장부 길을 힘차게 가련다"고 적혀있다. 옛일을 떠올리니 감회가 새롭다.

초발심시변정각(初發心時便正覺). 〈화엄경(華嚴經)〉'법성게(法性偈)'에 나오는 가르침으로 "처음 발심한 그 때가 바로 정각을 이룬 때이다"라는 의미이다. 세상을 살아오면서 제망찰해(帝網刹海) 같은 인연에 파묻혔지만, 가장 환희심 나는 순간은 부처님 제자가 된 바로 그날 이었다.

출가 후 나는 청담 대종사를 시봉하며, 정화운동의 선봉에 선 효봉, 동산, 금오 대종사 등 당대의 선지식을 자연스럽게 친견하며 가르침을 받았다. 대도(大道)를 성취하고 위법망구(爲法忘軀)의 일념으로 일평생 정진한 어른들 가까이서 가르침을 받은 것은 청복(淸福)임에 틀림없다. 생선을 싼 종이에서는 비린내가 나고, 향을 싼 종이에서는 향기가 난다고 했다. 큰스님들의 회상에서 정진한 인연으로 법향(法香)을 훈습(薰習)할 수 있었으니 큰 행복이다.

전 조계종 총무원장 의현 스님은 "청담 조사는 파사현정(破邪顯正)의 벽안종사(碧眼宗師)로 수행선풍(修行禪風)을 진작시키고 광복과 더불어 불석신명(不惜身命) 위법망구(爲法忘軀)의 순교 헌신으로 교권(敎權)이 명멸(明滅)해 가는 불교계를 정화(淨化)하셨다."면서 "창종(創宗)에 버금가게 끔 조계종(曹溪宗)을 중흥케 한 인천(人天)의 안목(眼目)을 갖추신 청담 조사는 근세불교사에 영겁불멸(永劫不滅)의 법등(法燈)을 높이 밝히고, 불조혜맥(佛祖慧脈)을 전승한 조계종문(曹溪宗門)의 대종장(大宗匠)"이라고 높이 평했다. 또한 "1945년 8월 15일은 미완의 해방으로, 청담 조사께서 불교계를 정화하여 조계종을 중흥시킴으로 거레의 얼을 찾아 민족정기를 회복하여 완전한 정신세계 광복을 이루었다."며 "불교재산관리법을 폐지하고, 전통사찰보존법을 제정한 것은 일제의 잔재를 뿌리 뽑고 청산한 민족사적 의미가 있는 대작불사의 성취였다."고 강조했다.

출가자에게 세속의 학문이 절대적으로 필요한 것은 아니다. 그러나 하루가 다르게 변화하는 세상의 흐름을 외면한다면 하화중생(下化衆生)을 실천하기는 어렵다는 생각이 들어, 나는 동국대학교 불교대학 불교학과에 진학했다. 앞서 도선사 삼각선원 조실인 은사 청담 대종사 회상에서 하안거를 성만하며 참선에 입문했고, 실달승가학원에서 대교과를 수료하며 선교(禪敎)를 겸수(兼修)하고자 노력했다. 동국대 대학원에 재학할 무렵에는 삼각선원에서 청담 대종사, 성철 대종사, 서암 대종사, 법전 대종사를 모시고 두 번째 안거를 마쳤다. 경제적으로 어려운 상황이었지만 부처님 가르침을 공부한다는 환희심으로 가득 찼던 날들이었다. 그립다.

그 후로 종단의 크고 작은 소임을 보고, 도선사 중창불사에 매진하는 등 사판(事判)이 나의 길이 되었기에, 참선 수행에 전념하지는 못했다. 이판(理判)을 제대로 공부하여 마치지 못한 것은 지금도 아쉬운 일이다. 종정과 총무원장을 지낸 은사 스님을 시봉하며 종단의 공직(公職)을 맡을 기회가 많았다. 총무원 재정국장, 중앙종회의원, 총무원 사회부장을 비롯해 세계불교지도자대회 조직위원회 재정부장, 세계불교대회 한국대표단장, 대한불교총연합회 이사장, 한국종교인협회 상임이사 등을 지내며 최선을 다했다고 자부한다. 나에게 맡겨진 일은 크고 작음을 떠나 완벽하게 달성하려고 노력했다. 젊은 시절이었기에 난관은 큰 장애가 되지 않았다.

한국전쟁으로 폐허가 된 상황에서 국가와 국민이 혼연일체가 되어 경제성장을 이루기 위해 마음을 모았다. 그러나 다시 일어서기는 쉽지 않았다. 국가는 물론 불교계의 살림도 어려울 수 밖에 없었다. 더구나 일제강점기를 거치며 훼손된 청정수행 가풍을 되살리고 한국 불교의 정통성을 회복하기 위해 나선 비구비구니 스님들은 여러가지 어려움에 직면했다. 특히 격동기에 효봉 대종사, 동산 대종사, 청담 대종사, 금오 대종사 등 선지식을 모시고 불교정화불사에 참여한 혜성 스님은 정재(淨財)를 모으는 소임을 맡았다. 힘겨운 일이었다. 살림을 책임진 재정국장으로 지내면서 겪은 고초가 언설(言說)로 다 설명하기 어려울 정도이다. 그러나 대의(大義)를 실현하는 과정에서 재정을 책임져야 한다는 막중한 소임을 한시도 잊지 않았다. 그 과정에서 때로는 봉변을 당하고, 때로는 칭찬을 들으며 묵묵하게 맡은 임무를 수행했다. 중앙종회의원과 총무원 사회부장을 지낼 때도 마음은 마찬가지였다.

개인의 이익을 앞세우는 사심(私心)보다는 공공의 이익과 종단의 미래를 위하는 공심(公心)을 한시도 잊은 적이 없다. 어른들과 도반, 그리고 후배들과 합심(合心)하여 노력한 결과, 불교정화불사를 성취했고, 대한불교조계종을 반석(盤石)에 올려 놓을 수 있었다. 전생부터의 인연으로 삭발염의(削髮染衣)하여 불교 발전에 조그만 돌이라도 보탰다고 생각하니 마음이 조금은 가볍다.

나는 불교의 가르침이 세상과 떨어져 있다고 여기지는 않는다. 부처님도 전생은 물론 깨달음을 성취한 후에 사바세계 중생의 안락(安樂)을 위해 당신의 모든 것을 던졌다. 그런 까닭에 나는 불법(佛法)이 교단 안에만 머물지 않고, 중생이 사는 세상에서 회향(廻向)해야 한다는 원력으로 교육과 복지에 관심을 기울였다.

1975년 팽성중학교를 인수하여 학교법인 청담학원으로 개편해 청담중학교와 청담고등학교를 운영하는 것도 그 때문이다. 제도권 공부는 물론 학생들이 자비(慈悲), 정진(精進), 지혜(智慧)의 가르침을 익힌 전인교육(全人敎育)을 받도록 관심을 기울였다. 그동안 청담중학교 1만 1,559명(43회 졸업), 청담고등학교 1만 2,756명(38회 졸업) 등 2만 4,315명의 인재를 양성했다. 인성과 실력을 겸비한 학생들이 졸업하여 사회 각계 각층에서 동량(棟樑)으로 활동하고 있으니 보람된 일이다. 아쉬운 일도 있다. 1970년대 후반에 중고등학교에 이어 대학 설립을 추진하다 좌절된 일은 지금 생각해도 안타깝다. 부지를 마련하고, 문교부 당국의 인가를 사실상 내정 받은 상황에서 10·27법난으로 뜻을 접을 수 밖에 없었다.

나는 1988년 중앙승가대학 학장으로 취임했다. 한국불교의 백년대계를 이끌어갈 수행자를 교육하는 중앙승가대 학장으로 보다 좋은 환경에서 공부에 집중할 수 있도록 최선의 노력을 다했다. 개운사 주지를 겸임하면서 (안암동) 승가대학 운동장을 확장하고, 정진관 준공, 자비관 증축 불사를 진행했다.

또한 불교계의 염원인 4년제 대학학력 인정 각종 학교 인가를 받아 명실상부한 교육기관으로 자리매김했다. 약 5만평에 이르는 김포학사 부지의 소유권을 학교법인 승가학원으로 등기이전 완료하는 등 중앙승가대가 '한국의 나란다대학'이 되는 기틀을 조성했다. 6년간 학장으로 재직한 그 시절은 불은(佛恩)에 작게나마 보답한 보람 있는 시간이었다.

우리나라가 세계경제대국으로 발전했지만, 아직도 어려운 상황에 처해 있는 이웃들이 적지 않다. 더구나 국가주도의 경제개발이 한창이던 1970년대는 사회복지에 대한 관심이 사실상 전무(全無)했다. 1976년 김기용 보살이 운영하는 보육원을 인수하여 사회복지법인 혜명복지원으로 개편한 것은 어려운 이웃을 보살피는 자비행(慈悲行)이 불교 본연의 일이었기 때문이다. 복지원 이사장으로 취임한 나는 미래의 주인공들을 위해 홍제, 성북, 신당, 청담, 노량진 어린이집을 위탁받아 운영했다. 1995년에는 청담종합사회복지관을 개관하여 복지의 사각지대에 있는 어려운 이웃을 보살피는데 전력을 다했다.

"내 몸의 자유자재 바라고 있다면, 잡히어 죽을 목숨 풀어서 살리고, 병들은 중생을 도와서 고치면 자유는 돌아와서 내 몸을 지키네" 내가 작사한 '자비방생의 노래' 가운데 일부이다. 아프고 힘든 이들을 도와주는 일은 결국 자기에게도 도움이 된다. 이것이 불교의 가르침이니, 사회복지를 위해 걸어온 길을 후회하지 않는다.

삼각산(三角山) 도선사(道詵寺)는 나의 원력이 배어 있는 인연이 깊은 도량이다. 은사 청담 대종사 회상에서 정진하며 도량을 일신하여 수도권 제일의 전법 사찰로 장엄하기 위해 각고의 노력을 기울였다. 1960년대만 하더라도 도선사는 차량이 오갈 수 없었으며, 험준한 산길을 따라 다녀야 했다. 신도와 수많은 등산객이 오가는 길을 넓히지 않고는 불자들의 신행 생활뿐 아니라 시민들의 안전도 확보하기 어려웠다. 결단을 내렸다. 은사 스님과 상의하고 관계 당국과 협의하여 진입로를 개설하고, 도로포장 까지 마쳤다. 난관이 왜 없었겠는가. 하지만 밤을 낮을 삼고, 맨손을 삽으로 여기며 도로 불사를 성취했다. 큰 사고 없이 공사를 마치고 처음 차가 올라오던 그 날의 감동을 잊을 수 없다. 도선사 주지를 지내며 석불전 확장, 천불전 신축, 안양암 신축, 청담 대종사 사리탑 건립 등의 크고 작은 불사를 원만히 이뤄냈다. 사형사제와 신도, 그리고 당국의 도움과 지원으로 수월하게 일을 해냈다. 불은(佛恩)을 조금이라도 갚았다고 생각하니 마음이 편하다.

나의 삶에 큰 시련이 다가왔다. 1980년 신군부에 의해 전국 사찰이 군홧발에 짓밟힌 10·27법난이 바로 그것이다. 한순간에 나는 부정축재의 핵심인물이 되어 있었다. 보안사에 강제 연행되어 말로 표현 못할 고문을 당하고, 억지로 자백하라고 강요받았다. 떠올리기도 싫은 참혹한 일이다. 그러나 있지도 않은 사실을 어찌 인정할 수 있겠는가.

"불사를 한 죄 밖에 없는데, 깨끗한 삼보정재이며 시주물이 청정하다오. … 우리 부처님은 진실을 잘 알고 계시리라. … 언젠가는 부처님도 웃으시고 모든 중생의 오해를 풀리라." 시주금을 가로채어 사리사욕에 충당했다며 진술을 강요할 때 내가 쓴 글의 일부이다. 억울하고 억울했다. 그러나 그들은 나의 말에 귀를 기울이지 않고 고문을 더할 뿐이었다. 30여 일간 구금된 상태에서 나의 뜻과 관계없이 억지로 도장을 찍어야 했다. 도선사 주지를 비롯한 모든 공직에서 강제로 물러날 수 밖에 없었다.

법난의 진상규명과 명예회복, 보상 등을 요구하는 불교계의 요구가 거세지고, 민주화가 이뤄진 뒤인 1988년 강영훈 국무총리가 정부를 대표하여 10·27법난을 공식 사과했다. 정부에서는 10·27법난 특별법을 제정하고, 국무총리 산하에 10·27법난피해자명예회복심의위원회를 구성했다. 명예를 회복하게 됐다. 늦은 일이지만 다행스런 일이다. 다시는 그 같은 비극이 재발되지 않기를 간절히 바랄뿐이다.

사람으로 태어나기 어렵고, 남자로 태어나기 어렵고, 불법을 만나기 어렵다고 하는데, 불가와 인연을 맺어 출가자의 길을 걸었던 것은 분명 행복한 일이다. 80년 인생과 60년 출가의 길이 순탄하지 만은 않았다. 그 과정에서 환희심을 만나기도 했고, 열정을 다해 공직을 수행하기도 했다. 눈 맑은 학생들에게서 희망을 보았고, 고문하는 수사관들에게서 절망을 느꼈다. 수행자로서 초발심을 잊지 않고 정진하려고 했지만, 여전히 숙제는 남아있다.

이제 산수를 맞아 삶을 돌아보니 그동안 만난 선연(善緣)과 악연(惡緣)이 모두 도반(道伴)이었음을 느낀다. 악연도 나에게 인욕(忍辱)의 가르침을 주었으니 어찌 도반이 아니겠는가. 이제 그들도 용서하고자 하니, 지난 날의 잘못을 참회(懺悔)하고, 부디 불법(佛法)에 귀의하여 모든 중생에게는 부처님이 될 성품이 있다는 '일체중생(一體衆生) 실유불성(悉有佛性)'의 가르침을 마음에 새기길 바란다.

불교정화 초기의 어수선한 상황에서 종단의 대소사로 젊음을 보내고 본분사(本分事)인 일대사(一大事) 정진에 전념하지 못하고 대종사(大宗師) 법계(法階)를 품서 받아 송구스럽다. 남은 세월 부처님께 기도하면서 종단의 끝없는 발전을 기원하며, 다음 생에도 수행자의 길을 걷겠다는 원력을 세운다.

諸惡莫作(제악막작)

衆善奉行(중선봉행)

自淨其意(자정기의)

是諸佛教(시제불교)

악한 일은 하나도 하지 말고,

착한 일은 모두 받들어 행하고,

마음을 깨끗이 하라.

이것이 곧 불교의 가르침이다.

불기 2560년(2016년) 7월 1일

산수(傘壽)를 맞아 振佛獎 慧惺 合掌

개인의 이익을 앞세우는 사심(私心)보다는 공공의 이익과
종단의 미래를 위하는 공심(公心)을 한시도 잊은 적이 없다.
어른들과 도반, 그리고 후배들과 합심(合心)하여 노력한 결과,
불교정화불사를 성취했고,
대한불교조계종을 반석(盤石)에 올려 놓을 수 있었다.
전생부터의 인연으로 삭발염의(削髮染衣)하여 불교 발전에
조그만 돌이라도 보탰다고 생각하니 마음이 조금은 가볍다.

혜성 대종사 '나의 삶을 돌아보며' 에서

나는 무엇을 구할 것인가? … '연꽃은 진흙속에서도 오롯이 핀다' 라는 격언을 명심하며
꿈은 끝내 한 많은 꿈으로 흐르고 말기를 최후로 희구하며 자성(自性) 자각(自覺)을 호소하노라.

1959년 1월 6일 '행자일기' 에서

제1부

모어

牟西

"부처님은 절을 해도
왜 아무 말씀 안하시죠."

모서 牟西

경북 상주시 모서면(牟西面). 혜성 대종사의 고향이다. '소가 우는 서쪽에 있는 마을'이 모서이다. 소는 불교에서 '마음'을 상징하는 동물이다. 본성을 찾아가는 과정을 그린 '심우도(尋牛圖)'가 있으니, 대종사와 불교의 인연은 숙연(宿緣)임에 틀림없다.

1937년 음력 5월 27일 모서면에서 대종사는 태어났다. 부친 이승택(李承澤) 선생과 모친 이태임(李太任) 여사의 2남 3녀 가운데 장남이다. 대종사의 속명은 이근배(李根培)이며 본관은 영천(永川)이다.

나라 잃은 처지를 안타까워 하며 독립(獨立)의 뜻이 강했던 부친은 "열심히 공부하여 나보다는 남을 위한 삶을 살아야 한다"고 훈육했다. 법명이 수월화(水月華)인 모친은 독실한 불심(佛心)을 지니고 있었으며, 늘 자 자애롭고 따뜻한 마음으로 보살폈다.

양친 모두 불교와 인연이 깊어, 어린 시절부터 자연스럽게 불법(佛法)과 가까워졌다. 초등학교 시절 아버지를 따라 원적암(圓寂庵)에서 수행 중이던 서암(西庵)스님을 친견하기도 했다. 서암 스님은 벽장 문을 열고 곶감이며, 콩강정이며, 당시에는 아주 귀한 군것질 거리를 '소년 근배'에게 쥐어주었다. 그러던 어느날 부처님께 절을 한 '소년 근배'가 서암스님에게 질문을 했다. "스님, 부처님은 절을 해도 왜 아무 말씀도 안하시죠." 서암 스님이 미소 지으며 답했다. "참선도 안한 놈이 선(禪)도리를 잘도 지저귀는 구나." 스님 말이 이어졌다. "부처님이 너를 보시고 예쁘다고 할 때까지 절을 해보려무나."

이보다 앞서 다섯 살 때에는 아버지와 인연이 깊은 청담(靑潭) 스님을 만나 "근배는 선근종자(善根種子)가 있으니, 장차 기린(麒麟)의 머리가 될 것이다"는 칭찬을 듣기도 했다. 인수(仁獸)로도 불리는 기린은 용, 거북, 봉황과 함께 상서로운 동물로 '소년 근배'가 장성하여 '큰 일'을 할 것임을 예견한 것이다.

모서초등학교에 입학해서는 학업에 열중했다. 들에 나가 뛰어 놀기 보다 공부하기를 좋아했고, 학교에서 돌아온 후에는 집안 일을 거들고는, 밤 늦게 까지 책을 놓지 않았다. 그런 까닭에 성적이 우수해 1,2등을 놓치지 않았다. 친구들과 다투는 법이 없이 우애 있게 지냈다.

학생의 본분이 공부에 있음을 강조한 아버지의 뜻에 따라 학업에 열중했다. 1947년 모서초등학교를 졸업하고 상주초급중학교에 진학했다. 1937년 개교한 상주공립농업실수학교는 1947년 3년제 중학교로 전환됐다. 상주중학교로 다시 이름을 바꾼 것은 1950년이다. 중학교에서도 친구들과 사이 좋게 지내며 공부에 집중했다. 한국전쟁이 발발하여 학업에 몰두하기 어려웠지만 공부를 게을리 하지 않았다. 1953년 중학교를 졸업하고 대전공업고등학교에 입학했다. 당시 우리나라가 농업국가였지만, 미래에는 과학과 기술의 시대가 올 것이라는 소신에 따라 공업고등학교를 선택했다. 부모님 슬하에서 벗어나 대전에서 친구와 함께 자취생활을 하면서 자립심을 키웠다.

그러나 불연(佛緣)이 깊은 '소년 근배'는 보다 근원적인 공부를 하고 싶었다. 세속에서 출세하여 돈과 명예, 그리고 권력을 손에 넣는 것보다는 출세간(出世間)에서 삶과 죽음을 초탈하는 길을 걷고 싶었다. 어린 나이이기에 불교의 깊이를 제대로 알지 못했지만, 전생부터 쌓아온 깊은 인연으로 출가자의 길을 택하게 된다. 또한 초등학교 5학년인 여동생 명숙(明淑)이 세상을 떠나는 참담한 일이 생겼다. "과연 나고 죽는 것은 무엇인가"라는 생각을 깊이하게 된 계기가 됐다. 이 때 상주시 화북면 은적사에서 "참 삶의 뜻이 어디에 있는가"라는 서암 스님의 법문을 듣고 출가(出家) 원력을 세웠다. 입산(入山)의 뜻을 들은 부친은 평소 인연이 있는 청담 스님 제자가 되라고 권했다. 그리하여 1956년 대전공업고등학교를 마치고 서울 삼각산 선학원에 주석하는 청담 스님을 찾아갔다. 다섯 살때 "장차 기린의 머리가 될 것"이라고 했던 청담 스님의 제자가 된 것이다. 이때부터 청담 대종사가 열반에 들 때까지 시봉(侍奉)했으니, 이 또한 지중한 인연이 아닐 수 없다.

사람이 사는 일은 사과나무 같다고 했습니다.
연약한 싹으로 시작되어 왕성한 물오름에
햇빛과 거름이 적당히 섞이어 가을의 풍요를 바라보듯이
우리는 우리의 삶을 정성스레 가꾸어 나가되 세상의 모든 것들에 대하여 감사할 줄 알며
겸허한 마음으로 하루하루를 살아가노라면 우리는 행복의 시원한 그늘을 벗삼아
잘 익은 과일을 만나게 될 것입니다.

청담중고등학교 학생들에게 설한 혜성 대종사 법문

모서초등학교 5학년에 다닐 때 동생들과 함께.
앞줄 왼쪽부터 이창용, 동생 이근우, 동생 이명숙, 뒷줄 왼쪽 혜성 스님, 오른쪽 외사촌 이희태.
1940년대 후반.

모서초등학교 6학년 봄 소풍에서 친구들과. 뒷줄 왼쪽 두 번째 혜성 스님.

모서초등학교 제6회 졸업기념 사진. 맨 뒷줄 오른쪽에서 세 번째 혜성 스님.
1950년.

상주중학교 입학 사진.

중학교 2학년 여름방학 때 동생(이근우)과 함께. 오른쪽 혜성 스님.

상주중학교 입학 후 사촌 형(이근엽 전 청담고 행정실장)과 함께. 왼쪽 혜성 스님.

중학교 때 고향 친구와 함께. 왼쪽 혜성 스님.

대전공업고등학교 입학 기념 사진.

대전공고에 다니며 농촌계몽활동 현장에서. 맨앞 혜성 스님.

고등학교 재학시절 친구와 함께. 오른쪽 혜성 스님.

고등학교 재학 당시 혜성 스님.

마을 앞 냇가에서 친구와 물놀이를 하며. 오른쪽 혜성 스님.

고등학교 재학 당시.

고등학교 재학시절 여름방학을 맞아 고향에서.

1954년.

고등학교 친구들과 함께. 뒷줄 오른쪽 혜성 스님.

고등학교에 다니며 '부여계몽대' 일원으로 농촌을 찾아 청소년들을 지도하는 혜성 스님.
1954년.

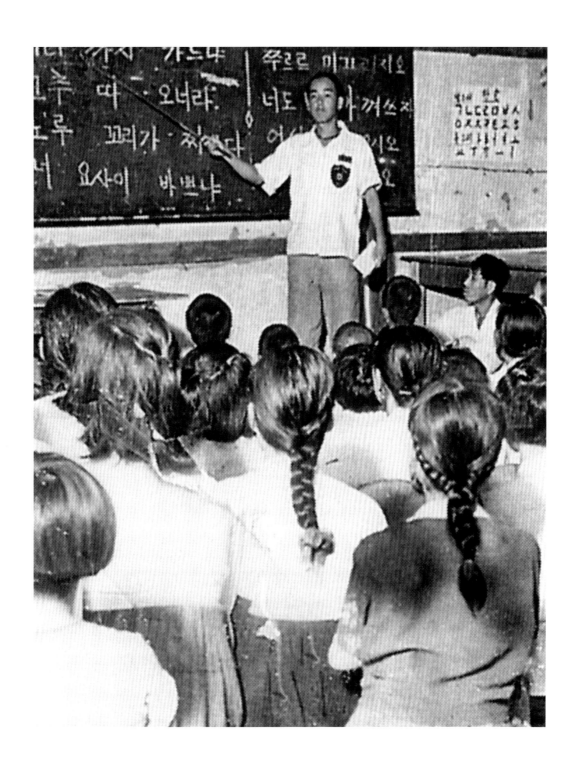

고등학교 재학시절 농촌계몽활동을 함께한 '부여계몽대' 친구들과. 앞줄 왼쪽 혜성 스님.
1954년.

초등학교, 중학교 동창으로 대전공업고 재학 시절 함께 자취생활을 한 친구(이정갑)와 함께.
왼쪽 혜성 스님. 1954년.

대전공업고 교정에서 은사, 친구들과 함께. 뒷줄 오른쪽 혜성 스님.

대진공업고등학교 졸업을 앞두고 선생님과 함께. 오른쪽 끝 혜성 스님.
1955년 가을.

대전공업고 재학 시절 친구들과 함께. 뒷줄 가운데 혜성 스님.

고등학교에 다닐 때 지도부 활동을 하며. 뒷줄 왼쪽 혜성 스님.

고등학교 졸업을 앞두고 친구와 대전 시내를 걸으며.
오른쪽 혜성 스님.

대전공업고 졸업반 친구들과. 앞줄 가운데 혜성 스님.

기도(祈禱)를 한다는 것은 곧 '정성을 올린다' 는 말입니다.

또 정성을 드린다는 것은 어떤 하나의 목적을 세우고,

그 목적을 이루기 위해서 빌고 바라는 공양(供養)을 뜻합니다.

〈도선법보〉 '믿음의 가교' 1973년 10월 15일.

모친 수월화 이태임 보살과 함께. 1985년 가을.

부친 우현 이승택 거사의 회갑연 때, 앞줄 왼쪽 부친 이승택 거사, 오른쪽 모친 수월화 이태임 보살.
뒷줄 왼쪽부터 도현 스님, 원명 스님, 혜성 스님, 일암 스님, 동광 스님.

건강 검진차 동국대 병원을 방문한 혜성 스님을 찾은 속가 형제들.
왼쪽부터 이근우, 혜성 스님, 이정숙, 이옥숙. 2015년 5월 27일.

영천 이씨 종친회 모임에서 인사말을 하는 혜성 스님. 1993년.

대전 공업고등학교 동창과 함께. 앞줄 왼쪽에서 다섯 번째 혜성 스님.
1993년 겨울.

모서초등학교 도서관을 설립하고 후배들에게 장학금을 지급하는 한편 교장 관사를 보수하는 등
모교 발전에 기여한 혜성 스님을 기리는 공덕비를 친구들과 다시 찾았다.
왼쪽부터 이의국, 김재열, 혜성 스님. 2016년 5월 6일.

혜성 스님이 모교 모서초등학교의 교장 관사가 사라질 위기에 처하자
보수 및 보존 비용을 제공한 백화정사의 현재 모습. 2016년 5월 6일.

이 세상 누구도 온 길은 가야하고 가면 또다시 어디로든지
다시 태어나는 것이 인생인데 이 육도 윤회를 언제나 끝낼 것인가.

1959년 2월 17일 '행자일기' 에서

나면 가야하는 것이 우주의 철칙인데 이를 초월해 보려고 발버둥치는 당돌한 이 몸은
과연 언제 어디로부터 와서 또 어느날 어디로 갈 것인가?

1959년 7월 5일 '행자일기' 에서

대종사 품서후 은사 청담 대종사의 수행기명(修行記銘)이 기록되어 있고,
선친과 자모가 화주로 동참한 속리산 성불사의 사적비 앞에서 의현 스님 집전으로 예를 올리는 혜성 스님.
왼쪽은 의현 스님, 오른쪽은 혜성 스님. 2016년 5월.

참된 현실을 바로깨기 위하여 미혹한 마음을 하루속히 씻어 참다운 배움길에 들어서
현실을 간파코저 몸부림치는 이 순간이 즐겁지 않으랴!

1959년 1월 26일 '행자일기' 에서

대종사 품서 후 경북 상주군 모서면 부모님 선영을 찾아 예를 올리는 혜성 스님.

2016년 5월 6일.

서로 다른 길 걸었지만
일관되게 정진한 '선구자'

"상주중학교 동창으로 죽마고우(竹馬故友)이지만 스님과 대화를 나눌 때 말을 놓지 않습니다. 평생 서로 다른 길을 걸어왔지만, 스님이 이룬 큰 업적과 인간성, 그리고 생활철학에 존경을 금할 수 없습니다." 강성철 예비역 육군 소장은 고향친구이며 중학교 동문인 혜성 스님과 막역한 사이지만 존경의 예를 표했다.

고교시절 대전에서 함께 자취하며 동고동락(同苦同樂)한 이정갑 선생은 "고향 집에 다녀올 때 함께 걸으며 유행가 노래를 흥얼거리던 기억이 눈에 잡힌다"면서 "혜성 스님은 친구들과 다른 길을 걸었지만, 불교계에서 큰스님이 되었으니 멋진 인생이라고 할 수 있다"고 강조했다. 또한 고교 동문인 조원제 전 68사단 연대장, 안종훈 전 국방부 군인공제회사업본부장, 김재열 전 모서면장, 강현대, 이의국 선생 등 친구들도 한결 같이 혜성 스님에 대해 '모교의 자랑'이라고 밝혔다.

서로 걸어온 길은 다르지만 죽마고우이자 동문으로 청운(靑雲)의 꿈을 꾸었던 그 마음과 의지는 맥을 같이한다고 했다. 혜성 스님 친구들은 "스님이 중생제도에 목표를 두고 불교에 입문하여 최고 법계(法階)인 대종사(大宗師)를 품서한 것은 굉장히 기쁘고 영광스러운 일"이라고 입을 모았다. 강성철 선생은 "저 역시 고교 졸업 후에 조국과 민족수호라는 큰 뜻을 품고 사관학교에 입학해 한눈 팔지 않고 군인의 길을 걸었다"고 했다. 조원제, 안종훈 선생도 "스님이 출세간에서 가장 수승한 자리에 올랐다

대종사 품서 후 모교를 찾은 혜성 스님이 초등학교 동창들과 기념사진을 촬영했다.
왼쪽부터 김재열, 강현대, 혜성 스님, 이의국. 2016년 5월 6일.

면, 세간의 친구들도 각자의 자리에서 최선을 다해 살았다"고 회고했다.

출가사문이 된 후 혜성 스님은 친구들과 연락을 자주하지 못했다. 그러나 세상은 넓고도 좁은 일. 친구들을 우연히 만났으니 인연이 깊다고 하지 않을 수 없다. 서울 선학원에 머물 당시 찾아와 세간으로 돌아오라는 친구에게 혜성 스님은 "내가 재가(在家) 한다면 우리 집안 하나는 일으킬 수 있겠지만 중생을 구하지는 못한다" 면서 뜻을 따르기 어렵다고 결연한 의지를 전했다. 오히려 친구들을 만나면 불교 경전을 여러 권 건네주면서 정독하여 불자의 길에 들어서라고 권했다. 이정갑 선생은 "출가 전에도 효심(孝心)이 깊었던 친구가 머리를 삭발하고 스님이 되어 처음에는 매우 의아했다" 면서 "하지만 세월이 흐르고 세상을 살아보니, 스님이 되어 중생 구제의 뜻을 편 것이 어머니에게 더 큰 효도를 한 것이라 생각한다"고 말했다.

친구들에게 혜성 스님의 유년 시절 이야기를 들었다. 경북 상주시 모서면은 전형적인 산골 농촌이었다. 당시 대한민국의 경제 상황은 세계에서 거의 '꼴지'나 다름 없었다. 일제강점기의 암흑기를 지난 지 얼마 되지 않아, 동족상잔의 한국전쟁 소용돌이로 국토는 황폐해졌고, 나라 살림은 엉망이었다. 그러니 개개인의 생활이 어려운 것은 어찌 보면 당연한 일이었다. 초등학교 동창인 김재열 전 모서면장은 "스님과 우리들은 산골에서 태어나 감수성 많은 유년시절을 보냈다" 면서 "무지와 가난과 병마에

강성철 예비역 장군은 전역 후에도 자주 도선사를 찾아 혜성 스님과 만나 대화를 나눈다.
2015년 11월.

시달리는 농촌 서민들의 어려운 삶을 절감하면서 자랐다"고 회고했다.

친구들이 기억하는 출가 이전 혜성 스님의 유년과 학창시절은 이러했다. "공부를 아주 잘했습니다. 수재였습니다. 심성이 곱고 성실해서 친구들과 단 한 번도 다투지 않았습니다. 다른 것에는 한눈 팔지 않고 오직 앞만 보고 정진하는 모범생이었습니다. 사춘기 시절이면 누구나 겪을 법한 방황도 사치로 여길 만큼 온순하며 평온한 심성을 갖고 있었지요."

세간을 떠나 스님이 되었지만, 고향과 모교에 대한 관심은 남달랐다. 비록 세속의 인연이지만, 그들 역시 부처님의 넓은 품으로 보면 함께 해야 할 동업중생(同業衆生)이었기 때문이리라. 그리하여 스님은 도선사 주지를 지낼 당시 모교의 후배들이 학업에 전념할 수 있도록 장학금을 지원해준 것은 물론 모서초등학교에 도서관을 만들어 주기도 했다. 혜성 스님이 만든 장학회 이사장은 지낸 김재열 선생은 "10여 년 넘게 어린 후배들을 위해 장학금을 전달해준 스님의 뜻과 실천은 너무 감사한 일"이라고 고마움을 표했다.

또한 모서초등학교 교장 관사가 헐릴 위기에 처했다는 소식을 듣고 스님은 또 다시 큰 마음을 냈다. 김재열 선생은 "수리 비용을 스님이 희사하여 다시 건물을 보수할 수 있었다"면서 "그때 '백화정사(白華精舍)'라는 편액을 걸었는데 지금도 잘 보존되어 있다"고 말했다. 백화정사는 일제강점기 학교

고교 시절 자취를 같이 한 고향 친구 이정갑 선생

건축물이어서 보존할 만한 역사적 가치가 크다. 혜성 스님의 이같은 애교심에 학교에서는 백화정사 앞에 공덕비(功德碑)를 세워 감사의 마음을 전했다. 공덕비는 지금도 그 자리에 있다.

대전공업고등학교 동문인 조원제 선생은 혜성 스님의 학창 시절 성품과 생활태도가 출가하여 청담 스님을 모시면서 더욱 원숙해졌다고 했다. "뜻을 세운 것은 반드시 성취하려는 특유의 집념이 불교와 청담 스님을 만나 더욱 강건해졌다고 봅니다. 또한 몸에 익은 검소함과 절제는 수행자의 표본이 되는데 긍정적인 영향을 끼쳤겠지요."

고교 동창인 안종훈 선생은 혜성 스님이 한국불교 발전에 큰 기여를 했다고 평했다. "제가 불교계의 대소사를 소상하게 알 수 있는 위치에 있지는 않지만, 한국불교 중흥과 발전에 혜성 스님의 역할과 업적은 대단히 크다고 전해 들었습니다." 특히 중앙승가대 학장을 지내며 승가교육을 반석에 올려 놓았고, 청담 스님 뜻을 이어 도선사를 중창해 사격(寺格)을 일신한 공이 크다고 했다.

강성철 예비역 장군도 "중앙승가대는 '불교의 육군사관학교'로 교단을 이끌어 갈 스님들을 양성하는 교육기관으로, 혜성 스님의 역할이 지대했다"면서 "또한 도선사를 '한국의 호국본찰(護國本刹)'의 위상을 제대로 갖추도록 했다"고 평했다. 뿐만 아니라 "유치원에서 고등학교까지 '대청담캠퍼스'를 건설해 불교계뿐 아니라 우리 사회에 필요한 인재 육영(育英)에 기여했다"면서 "복지관을 건립해 사

안종훈 선생

회복지사업에 앞장서고, 외국과의 불교교류로 한국불교를 크게 선양시켰다"고 했다.

죽마지우(竹馬之友)이며 한 스승 아래에서 공부한 친구들은 1980년 10·27법난으로 고초를 겪은 스님에 대해 안타까운 마음을 전했다. "당시 가혹한 고문을 당하고 출가 승려로서 가장 불명예스러운 혹독한 혐의를 씌워 승적까지 박탈당하는 수모를 겪었습니다. 있어서는 안 될 일이 일어났던 것입니다." 친구들은 "평소 스님이 어떻게 살았는지를 잘 아는 입장에서, 있지도 않은 일을 무고하게 뒤집어쓸 수밖에 없었던 스님의 억울한 마음을 생각하면 지금도 마음이 아프다"면서 "그나마 법난 발생 2년 뒤에 승적이 복원되고, 훗날 정부 당국이 사과를 해서 명예를 완전히 회복한 것은 불행 중 다행으로 사필귀정(事必歸正)"이라고 밝혔다.

친구들은 "종교가 대중 속으로 능동적으로 파고들어 활동하는 것은 타종교에서는 오래 전부터 그렇게 해 왔다"면서 "불교의 대중화, 사회화가 타종교에 비해 많이 늦은 상황에서 혜성 스님의 혜안으로 선도적으로 길을 개척한 평가를 받아야 한다"고 강조했다. 그는 "이런 관점에서 혜성 스님에 대한 법난과 관련된 일부의 잘못된 인식은 바뀌어야 하고, 보다 일찍이 재평가 됐어야 한다"고 말했다.

비록 세간과 출세간으로 나뉜 삶이었지만 세수 80을 맞이하며 친구들은 혜성 스님에 대해 "한평생 학문과 수행, 바른 마음과 행동을 통해 선견지명(先見之明)의 삶을 살았다"면서 "우리나라 민주화와 산

조원제 선생

업화 물결이라는 대세에 산중불교에서 벗어나 시민 속으로 다가가는 생활불교와 실천불교의 길을 열었고, 불교의 사회화를 광범위하게 실천하여 대중화와 현대화 시키는 '불교 진화(進化)의 선도자' 역할을 해왔다"고 평했다.

또한 친구들은 "늦은 감이 없지 않지만, 대종사로 품서된 것은 참으로 다행스러운 일로, 항상 마음 속 깊이 건승을 빌어 온 친구들 입장에서도 기쁨을 감출 수 없다"고 했다. "한평생을 수행 승려로 수많은 유혹과 고난을 물리치고 계율에서 한 치도 이탈하지 않고 바른 마음으로 살아온 '친구' 혜성 스님에게 경의를 표합니다. 비록 병고와 싸우고 있지만, 평생 그랬던 것처럼 일관된 정진으로 건강이 호전되고 더 큰 보살행의 증진이 거듭되기를 기원합니다."

도대체 출가한 궁극의 목적이 현실도피요,
수도(修道)의 근본이 자신의 안일뿐만이 아닐진대 현실의 삶을 어떻게 운용하며 살아갈까?
허무한 나를 의심치 않을 수 없구나.

1959년 1월 25일 '행자일기' 에서

제2부

출가

出家

"나는 무엇을 구할 것인가"

출가 出家

1956년 서울로 상경했다. 세간의 인연을 끊고 출세간의 길을 걷기 위해서였다. 고교시절을 보낸 대전도 작은 도시는 아니었지만, 서울은 딴 세상이었다. 거리는 인파로 넘쳤고, 밤은 낮처럼 환했다. 당시 불교계는 정화불사가 한창이었다. 일제의 잔재를 청산하고, 청정승단을 복원하겠다는 청담 대종사를 비롯해 동산, 효봉, 금오 스님이 정화불사의 기치를 높이 들었다. 하지만 대처승들의 반발로 일진일퇴를 거듭하는 상황이었다. 상경하기 전에 상주 원적사에서 서암 스님의 법문을 듣고, 팔공산 파계사 성전암에서 철망을 치고 두문불출 수행하는 성철스님을 친견한 후 고향에서 부모님께 입산 허락을 받았다. 서울로 떠나는 날 어머니는 손수 먹물을 입힌 바지저고리와 행건까지 만들어 주고 두루마기를 입혀 주었다. 새벽녘 이른 아침을 먹고 집을 나서는 길에 부모님은 손목을 잡고 이렇게 당부했다. "내가 너를 부처님께 빌고 빌며 기도하여 낳았는데, 그 보답으로 부처님의 큰 은혜를 생각하여 시주를 많이 하지 않아, 너를 다시 절로 부처님께 되 돌아 가나 보다."

'세속을 버리고 영원한 출가 길에 오른 행자(行者)'로 반드시 정각(正覺)을 성취하여 대장부(大丈夫)가 되겠다는 간절하게 발원했지만, 부모님 곁을 떠난다는 현실이 마음 편하지는 않았던 것이 사실이다. 8시간 동안 시외버스를 타고 상경하여 청담 스님을 서울 조계사에 있는 총무원장실에서 친견하고 출가를 허락받았다. 오체투지로 삼배를 올렸다. 이때부터 청담 스님을 시봉하는 시자(侍者)이며 행자

(行者)로 출가사문의 길을 걷기 시작했다.

1957년 청담 스님에게 득도(得度)하여 혜성(慧惺)이란 법명을 받고, 같은해 서울 조계사에서 종정 동산(東山)스님에게 사미 10계를 수지했다. 그 무렵은 불교정화운동이 본격화 되던 시기였다. 하루 하루 긴장의 고삐를 늦출 수 없었다. 그렇다고 출사 사문의 본분인 수행 정진 역시 게을리 하지 않았다. "나는 무엇을 구할 것인가" "연꽃은 진흙 속에서도 오롯이 핀다" "커다란 꿈을 싣고 와서 영영 꿈으로만 보내서야 되겠는가" 바쁜 일상이었지만 한시도 상구보리(上求菩提)의 원력을 잊지 않았다.

불가와 인연을 맺게 해 준 서암(西庵, 1917~2003) 스님은 한국을 대표하는 선승(禪僧)으로 봉암사 조실과 대한불교조계종 종정을 지냈다. 평생 대중교통을 이용하며 검소한 생활로 출가수행자의 본분을 보여주었던 선지식으로 혜성 스님에게 큰 영향을 끼쳤다. 진불장(振佛奬)이란 법호(法號)도 서암 스님에게 받은 것이다. 원적에 들기전 열반송(涅槃頌)을 여쭙는 제자들에게 "나는 그런 거 없다. 그 노장 그렇게 살다가 그렇게 갔다고 해라" 는 가르침을 전한 진정한 수행자이다.

청담(靑潭, 1902~1971) 대종사는 혜성 스님의 은사로 선교율(禪敎律)을 두루 겸비한 선지식이다. 한국불교의 수행전통을 회복하기 위해 대처승에 비해 숫적 열세에도 불구하고 비구승들과 정화불사를 주도했다. 교단을 반석 위에 올려 놓기 위해 불퇴전의 신심(信心)과 공심(公心)으로 진력했다. 대한불교조계종 종정과 총무원장을 역임했으며, 삼각산 도선사를 한국 제일의 기도도량으로 장엄하는데 초석(礎石)을 놓은 고승(高僧)이다. 종단의 요직을 두루 거쳤지만 근검절약 정신으로 후학들에게 모범을 보여주었다. 대표적인 일화가 있다. 후원(공양간)에서 무심코 쓰레기 통에 버린 콩나물 대가리를 꺼내 다시 요리하라고 했을 정도이다. "누가 버렸는지 모르겠지만 이 콩나물 대가리를 내일 아침 내 밥상에 반찬을 만들어 올려라." 총무원장 당시 공양상은 밥 한 그릇, 시래기 국 한 그릇, 김치 한 접시, 간장 한 종지로 한정했다고 한다. 삼보정재와 시은(施恩)을 목숨처럼 소중히 여겼던 것이다.

서암 대종사와 청담 대종사의 수행 가풍은 혜성 스님에게 그대로 이어졌다. 출가 수행자의 본분에서 한치도 어긋나지 않은 길을 걸을 수 있게 한 영향을 끼쳤다. 교단과 종단에 대한 애종심(愛宗心)과 공심(公心)도 서암, 청담 대종사의 본을 받았다. 종이 한 장 함부로 사용하지 않는 혜성 스님의 근검절약 정신도 큰스님들을 가까이 모시며 자연스럽게 몸에 배인 것이다 .

인간에게는 생사(生死)가 있고,

너와 나는 똑같이 무상(無常)한 것이기 때문에

인간은 받는 것보다는 차라리 주는 데서 삶의 보람을 더 크게 느끼는지도 모른다.

왜냐하면 삶의 보람이 인간이 가진 물건에 있는 것이 아니라

인간 그 자체에 있기 때문에 내것을 남에게 줌으로써

나는 더욱 충실해지고 보다 확대되는 것이다.

〈도선법보〉 '아끼고 사랑하는 마음씨' 1973년 1월 15일.

약한 자여! 그대 이름은 행자(行者)이니라. 갓 들어온 시집살이라더니
어쩌면 그렇게도 힘 없는 행자냐. 행자가 글자 그대로 돌아다녀야 편안하련가?
도를 찾아 다녀야 하고 배워야 하려만 일하는 행자가 되어야 하고 자기를 희생할 수 있는,
나를 망치려고 드는 가엾은 행자가 되어서야 되겠는가.

1959년 3월 5일 '행자일기' 에서

출가 초기 혜성 스님. 1956년 경

출가 직후 삭발 염의한 혜성 스님. 1956년

출가 후. 앞줄 오른쪽 혜성 스님

서울 덕수궁 석조전 앞에서. 가운데 혜성 스님. 1956년

도선사 극락바위에서 망중한을 즐기며. 1960년대 후반.

도선사 대웅전 앞에서 삭발을 하며 수행 정진을 발원하는 혜성 스님(오른쪽).
1968년.

삼각산 도선사 인근 계곡에서. 오른쪽 끝 혜성 스님.

소승적인 억압의 계(戒)보다 대승적인 마음의 계(戒)를 받아 참된 계정혜(戒定慧) 삼학을 닦는
진실한 불제자가 되고 싶고, 반드시 되고 말테다.

1959년 3월 23일 '행자일기' 에서

앞줄 왼쪽부터 청담 스님, 성철 스님, 서옹 스님, 뒷줄 왼쪽 첫 번째 혜성 스님, 일곱 번째 법전 스님,

열 번째 도성 스님.

범어사 금강계단에서 동산 스님에게 비구계를 받고.
네 번째 줄 왼쪽 세 번째 선래 스님, 네 번째 혜성 스님.
앞줄 왼쪽부터 일현 스님, 지월 스님, 원경 스님,
청담 스님, 동산 스님, 석암 스님.
1960년 4월 10일(음력 3월 15일).

부산 범어사에서 비구계를 받고, 뒷줄 가운데 혜성 스님, 앞줄 청담 대종사.
1960년 4월 10일.

범어사에서 비구계를 받을 당시의 혜성 스님. 1960년 4월 10일.

부산 범어사에서. 앞줄 왼쪽 두 번째 동산 스님, 세 번째 청담 스님,
뒷줄 오른쪽 끝 혜성 스님, 1960년 4월 11일.

동산 스님 입적 당시 범어사에서. 앞줄 오른쪽 혜성 스님,
뒷줄 왼쪽 첫 번째부터 일타 스님, 성철 스님, 청담 스님, 도우 스님. 1965년 5월.

한국을 방문한 일본 스님, 불자들과 함께. 앞줄 왼쪽에서 세 번째 혜성 스님.
뒷줄 왼쪽부터 숭산 스님, 월탄 스님, 의현 스님, 다섯 번째 녹원 스님, 여섯 번째 청담 스님, 여덟 번째 벽안 스님.

보살은 평등한 마음으로 자기의 가진 모든 것을 모든 사람에게 희사하며,
또한 희사하고 나서 뉘우치는 일도 없고, 보수를 바라는 마음도 없고, 명예를 바라지도 않고,
오직 원하는 것은 모든 사람을 구하는 일뿐인 것입니다.

〈신아일보〉 '정신의 양식' 에서 1974년 6월 8일

1970년 8월 15일 광복절을 맞아 국민훈장 무궁화장을 수훈한 청담 스님과 함께.
왼쪽부터 청화 스님, 청담 스님, 혜성 스님. 서울 조계사 대웅전 앞.

서울 조계사에서 열린 육군사관학교 불교부 신입생 법회를 마치고 대웅전 앞에서.
앞줄 가운데 청담 스님, 오른쪽 끝 혜성 스님. 1959년

불교정화운동 당시 지프차를 타고 사찰을 방문한 청담 스님을 시봉한 혜성 스님이 대중과 기념촬영을 했다.
왼쪽에서 여덟 번째 혜성 스님. 열 번째 서옹 스님, 열한 번째 성철 스님, 열두 번째 청담 스님.

왼쪽부터 법전 스님, 녹원 스님, 청담 스님, 서옹 스님, 도성 스님, 혜성 스님, 선래 스님.

상주포교당에서. 왼쪽 두 번째부터 녹원 스님, 청담 스님, 서웅 스님, 혜성 스님.

조선 태조 5년 한양에 세운 사소문(四小門) 가운데 하나인 자하문 앞에서 혜성 스님.
자하문은 서울시 종로구 청운동에 있다.

북한산을 포행하면서. 왼쪽 두 번째 법전 스님, 네 번째 혜성 스님.

북한산 중흥사지에서. 왼쪽에서 두 번째 청담 스님, 세 번째 혜성 스님, 네 번째 원명 스님.

불교정화운동 당시 선학원에서 하안거 회향 기념.
뒷줄 왼쪽에서 다섯 번째 혜성 스님, 앞줄 왼쪽 두 번째부터 청담 스님,
벽안 스님, 벽암 스님, 범행 스님, 진경 스님.
1959년 8월 18일(음력 7월 15일).

1969년 5월 23일. 부처님오신날 도선사에서. 왼쪽부터 혜성 스님, 청담 스님.

육군과학수사연구소를 방문하고. 앞줄 왼쪽 두 번째 혜성 스님, 세 번째 청담 스님. 1970년 8월 26일

인생이란 실은 죽음 속에 살고 있는 삶이라는 것을 깨닫게 될 때,
남을 탓하기에 앞서 자신의 허물을 돌아보게 됩니다.

〈신아일보〉 '자기의 극대화' 1975년 3월 10일

1971년 11월 11일 이화여자대학교 강연에 참석한 은사 스님을 모시고. 왼쪽 첫 번째 청담 스님, 세 번째 혜성 스님.

청담 대종사 열반 당시 총무원장실에 차려진 영단 앞에서 스님들이 반야심경을 봉독하는 모습을 보도한
1971년 11월 16일자 〈동아일보〉 기사. 맨 앞의 혜성 스님이 촛불을 켜고 있다.

청담 대종사 영결식을 마친 후 도선사로 위패를 모시는 장면. 왼쪽 혜성 스님, 오른쪽 혜명 스님.
1971년 11월.

청담 큰스님의 사상의 근본은 곧 '마음' 이다.
그러므로 큰스님은 마음의 사상가(思想家)이시다.
누구나 가지고 있는 이 마음은 우리의 언행의 어머니임을 확인했다.

1985년 11월 「청담학원30년사」 기념논단 '청담 큰스님의 사상' 에서

청담 대종사 열반후 행장과 사진 등을 수록한 〈아! 청담조사〉 발간을 위한 편집 좌담회.
오른쪽에서 두 번째 혜명 스님, 세 번째 혜성 스님, 네 번째 박중관 교수.
서울 중구 을지로 불교사회문제연구소 사무실에서. 1974년.

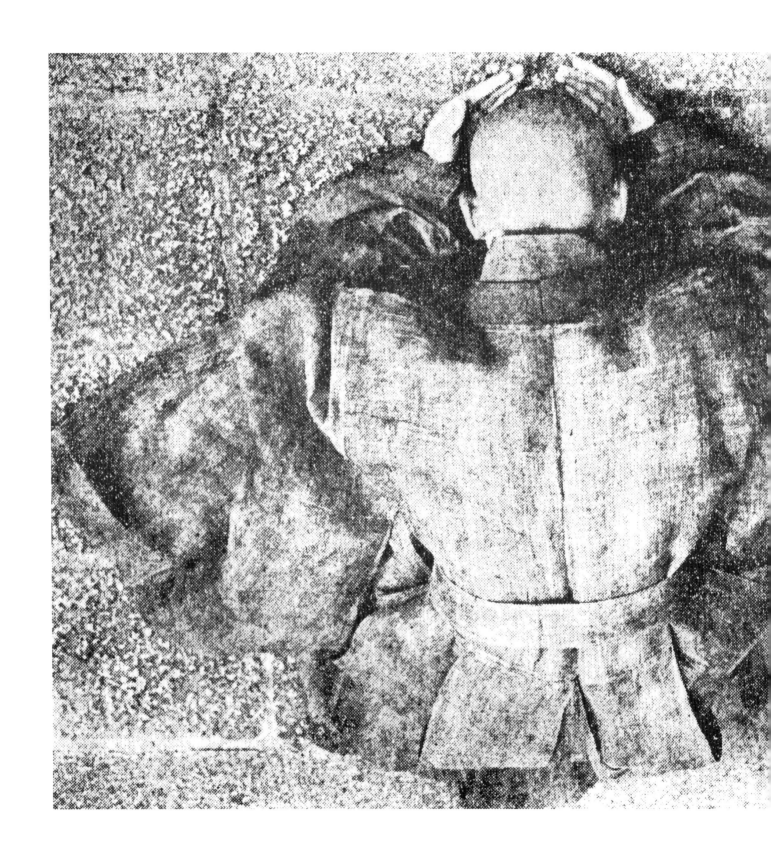

도선사 석불전에서 백팔참회의 예를 올리는 청담 대종사.

"큰스님 시봉 잘 하는데
시비하지 말라"

조계종 원로의원 명선 스님

"벌써 60년이 넘는 세월이 흘렀네요. 어제 일 같기만 한데, 세월이 참으로 빠르게 지나갔습니다." 조계종 원로의원 명선 대종사는 혜성 대종사를 처음 만날 당시의 기억이 생생하다고 했다. "그때가 아마 1950년대 중후반 가을이었을 겁니다. 내가 해인사 강원 입승(入繩) 소임을 보고 있었는데, 혜성 스님이 행자로 왔지요." 불교정화운동이 무르 익을 무렵 총무원장 청담 스님이 해인사 주지를 겸하고 있었다. 혜성 스님은 청담 스님 시자로 해인사에 함께 왔다는 것이다.

명선 스님은 "(혜성 스님은) 그때 앳된 학생으로 인상이 참 좋았다"면서 "은사이신 청담 큰스님을 철저하게 잘 시봉하는 모습이 지금도 눈에 선하다"고 회고했다. "청담 스님은 지금의 한국불교를 가능하게 한 분입니다. 총무원장 소임을 보다 해인사에 내려오시면 쉬시지 않고 수행과 정진에 여념이 없으셨습니다. 그리고 그 곁에는 항상 혜성 스님이 있었습니다."

해가 넘어가면 '오늘도 못 깨우쳤구나' 라며 땅을 치고 통곡하는 심정으로 수행해야 한다고 경책한 청담 스님의 간절한 원력과 발심을 혜성 스님이 그대로 이어받았다고 했다. "원칙을 중시하시는 청담 스님을 시봉한다는 것은 아무나 못하는 일이었습니다. 그런데 혜성 스님은 워낙 어른의 마음을 잘 읽어, 적기적소(適期適所)에서 모든 것을 잘 시봉하니 큰스님이 많이 아끼셨습니다."

해인사 행자실의 청규(淸規)는 그 어떤 군대보다 엄하기로 유명하다. 심약(心弱)한 행자들은 버티지 못하고 마을로 돌아가거나, 다른 절로 옮기는 일이 적지 않았다. 그런 상황에서 행자인 혜성 스님이 총무원장인 청담 스님을 시봉하는 소임을 맡아 해인사에 머무는 시간이 적었고, 사찰에 있어도 큰스

님을 보좌하기에 행자 생활을 온전하게 하기는 어려웠다. 명선 스님은 "대중 가운데 후원 일을 하지 않는다고 지적하는 이들도 없지 않았다"면서 "그러나 당시 강원 입승인 제가 '큰스님 시봉을 잘하는 데 시비하지 말라. 결정권은 나에게 있으니 더 이상 군소리 말라'고 했다"고 회고했다. "한국불교의 수행가풍을 되살리는 정화를 위해 각고의 노력을 다하고 계신 청담 큰스님을 잘 모시는 것도 행자 생활 못지않게 중요한 일 아닙니까. 그리고 엄격한 수행 가풍을 지닌 청담 큰스님을 가까이서 시봉하는 일이 쉬운 소임은 아니지요. 아마, 이 이야기는 혜성 스님이 모를 겁니다."

원로의원 명선 스님은 "행자 시절부터 큰스님을 모시면서 보고 배웠으니, 그 가풍이 어디로 가겠냐"면서 "혜성 스님이 한국불교와 종단을 위한 공심과 철저한 수행을 은사 스님에게 자연스럽게 익혔다"고 말했다.

명선 스님은 1980년 신군부에 의해 자행된 10·27법난으로 고초를 겪은 혜성 스님을 생각하면 너무나도 마음이 아프다고 했다. 명선 스님도 법난 당시 광주 보안사에 끌려가 65일간 고초를 겪었다. "낮에는 도선사 주지요, 밤에는 요정을 운영한다는 중상모략으로 혜성 스님이 고생을 크게 했습니다. 그때 돈으로 무려 27억 원을 가진 재벌가라고 몰아 붙였지요. 그런데 그 금액이라는 것이 사실은 도선사와 학교 부지, 건물 등을 합쳐서 매겼다는 겁니다. 이게 말이나 됩니까".

명선 스님이 말을 이었다. "혜성 스님은 당신 은사이며 종단의 큰 어른이신 청담 대종사의 유지를 계승해 도선사의 사격(寺格)을 일신하고, 청담중고등학교를 인재양성의 요람으로 만들기 위해 동분서주

했습니다. 자기 몸도 제대로 돌보지 않으면서 오직 공익(公益)을 실현하려고 노력한 혜성 스님을 마치 사익(私益)을 챙기는 사람으로 모략했으니, 안타깝고 마음 아픈 일이 아닐 수 있겠습니까."

명선 스님은 "신군부가 '잘못된 정보'를 만들어, 혜성 스님을 고문하면 돈이 나올 것이라 오판했다" 면서 "사심(私心) 없이 살았던 혜성 스님이 법난 당시 가장 큰 곤욕을 치렀다"고 안타까워했다. 명선 스님은 "교단과 스님의 명예를 손상시키고 역사상 씻을 수 없는 상처를 입힌 법난의 진상이 밝혀져야 한다"면서 "법난 당시 고문 후유증으로 지금도 병마와 싸우고 있는 혜성 스님이 속히 쾌차하길 바란 다"고 말했다.

세월이 유수와 같다고 했는가. 명선 스님은 "해인사에서 처음 혜성 스님을 만났는데, 벌써 60년이란 세월이 덧없이 흘러갔다"면서 "혜성 스님이 세수 80을 맞이한다고 하니 무상하다"고 했다. "종단을 위하고, 청담 큰스님을 위하고, 도선사와 청담문중을 위해 앞뒤 가리지 않고 열심히 일하다 군사정권 에 의해 짓밟힌 혜성 스님의 생애를 떠올리면 애틋한 마음이 듭니다."

명선 스님은 "대부분의 사람들은 세월이 지나고 역사가 흘러가면, 이전의 일들을 잘 기억하거나 기록 하지 않으려고 한다"면서 "한국불교 근현대사에서 크고 작은 일을 몸소 겪고 이겨낸 청담 큰스님과 혜성 스님에 대한 기록을 온전하게 남겨야 한다"고 강조했다. "도선사의 청담문도들은 물론이고, 종 단 차원에서도 혜성 스님의 행화(行化)를 잘 기록하고 보존하여 역사를 남겨야 합니다. 진작 원로의 원이 될 자격을 갖추고 있었지만 이루지 못해 아쉬웠는데, 종단 최고 법계인 대종사(大宗師)를 품서한 것은 아주 잘 된 일입니다."

원로의원 명선 스님은 "역사는 분명한 것이고, 청담 대종사와 혜성 스님을 비롯한 수많은 스님들에 의
해 한국불교와 종단이 존재하는 것임을 명심해야 한다" 면서 "그 어려웠던 시절에 씨앗을 뿌렸으니,
후대에서 꽃을 피우고 열매를 맺을 수 있는 것" 이라고 전했다. "세수 80을 맞이한 혜성 스님이 하루속
히 건강을 되찾아 청담 큰스님의 유지를 계승하여 더욱 발전할 수 있기를 진심으로 바랍니다. 특히 문
도들은 도선사 문장(門長)이며, 종단의 대종사인 혜성 스님을 잘 보필하고, 그 뜻을 이어나가는데 빈
틈이 없기를 당부 드립니다."

마음을 깨치면 곧 부처님이요, 마음을 바르게 가지면 곧 법이며, 오로지 마음을 깨끗이 하면 스님이 된다.
불법승(佛法僧) 삼보(三寶)는 마음 하나에 달려 있다. 언제든지 한결같은 마음으로 정진하면
누구나가 부처님의 경지에 이를 수 있다.

'이 마음에 광명을' 머리말. 1978년 2월

제3부

정진

精進

공심, 신심, 그리고 원력

정진 精進

혜성 스님은 청담 대종사를 시봉하며 정화불사에 참여하고, 종무행정을 보좌하며 도선사, 해인사, 선학원에서 수행에 집중했다. 그 과정에서 동산, 효봉, 금오 스님 등 당대의 선지식을 친견하며 공심(公心)과 신심(信心), 원력(願力)의 소중함을 몸으로 익히고 마음에 새겼다.

1961년 도선사 삼각선원(三角禪院)에서 청담 대종사의 지도를 받으며 참선을 하고 하안거를 성만했다. 청담 스님은 "참선이란 마음을 찾는 공부"라면서 "이리 저리 헤매지 않고 이 마음을 직접 찾는 지름길"이라고 당부했다. 혜성 스님은 은사의 가르침에 따라 간화선 수행을 했다. 1967년에는 도선사 삼각선원에서 청담, 성철, 서암, 법전 스님의 지도를 받으며 두 번째 하안거를 성만했다. 네 스님 모두 대한불교조계종 종정을 지낸 선지식이며 1947년부터 1950년까지 "부처님 법대로 살자"며 봉암사 결사를 단행한 수행승들이다. 당대 최고 고승들의 지도를 받은 혜성 스님은 참선 수행의 중요성을 누구보다 깊이 인식했다. 혜성 스님이 1968년 동국대에서 받은 석사학위 논문의 제목이 '선종구산선문파(禪宗九山禪門派)의 형성고(形成考)'인 것은 우연이 아니다. 이 논문에서 혜성 스님은 "원형의 순수한 선맥(禪脈)을 찾는다고 하는 그 일이 선(禪)의 현대 재명(再明)에 있어서도 가장 유관할 일일 뿐만 아니라, 언제나 원형, 순수야말로 번잡(繁雜)이 섞이지 않는 창조적 방도의 시발점(始發点)이 되어지는 것"이라고 강조했다.

1960년 금정산 범어사에서 전계대화상인 종정 동산 스님에게 비구계와 보살계를 수지한 혜성 스님은 이듬해 실달승가학원 대교과를 수료했다. 〈화엄경〉과 〈금강경〉 등 내전(內典)을 두루 익혀 교학의 체계를 세웠다. 실달승가학원은 청담 대종사가 정화불사의 원만한 성취와 한국불교의 발전을 위해서는 부처님 가르침을 온전하게 익힌 학인(學人)을 양성해야 한다며 도선사에 개설한 승가교육기관이다. 실달은 부처님 출가 이전의 속명인 고타마 싯타르타에서 따 왔다. 혜성 스님은 은사의 유지를 이어 도선사 주지로 재임하던 1974년 7월 실달승가학원을 재개원 하기도 했다.

또한 동국대 불교학과에 진학하여 외전(外典)과 현대학문을 겸비했다. 종단에서 불교의 백년대계를 이끌어갈 인재를 선발하여 현대학문을 겸비할 수 있도록 동국대에 입학하도록 했다. 이때 혜성 스님과 동문수학(同門修學)한 도반은 무진장, 인환, 광우, 상호, 묘엄, 명성 스님이었다. 이후 세간으로 돌아간 명철, 공철, 정달 불자도 함께 공부했다. 1964년 2월 동국대 불교대학 불교학과를 졸업한 혜성 스님은 초등학교부터 대학교까지 정규교육을 마쳤다. 이어 1968년 동국대 대학원에서 석사학위를 취득하고, 1972년 대학원 박사 과정을 수료하는 등 학문 연찬에 깊이 천착했다. 선, 교, 율과 내외전, 그리고 현대학문까지 두루 겸비하면서 시대가 요구하는 출가사문의 위의(威儀)를 갖추었다.

혜성 스님은 1975년 동국대 불교대학에서 학생들을 가르치는 강사(講師) 소임을 맡아 14년간 '사찰관리론'을 강의했다. 후학들에게 하루가 다르게 급변하는 현대사회에서 효율적으로 사찰을 관리하며 불교의 진리를 전하는 방법을 전했다. 혜성 스님에게 불교는 산중(山中)에만 머물거나, 세속과 담을 쌓아 고립되는 종교가 아니었다. 수행과 정진에 중심을 두면서 끊임없이 중생이 사는 세상, 사회와 소통하며 정법(正法)을 향해 나가야 한다는 소신이 있었다. 이 소신은 이후 교육을 통해 인재 양성의 원력을 발현하고 실천하는 밑거름이 되었다.

세상은 욕망의 화택(火宅)입니다. 쉼이 없이 타고 있습니다.
그러나 마음의 심지를 돋구고 다시 한 번 나를 찾을 때, '참나'의 등불이 밝혀질 것입니다.
이 한줄기 광명은 모든 어둠을 밝게 해 줄 것입니다.

〈신아일보〉 '정신의 양식' 에서 1974년 7월 24일

동국대 불교대학 불교학과를 졸업하면서 학사복을 입은 혜성 스님. 1964년 2월.

제1회 종비생들의 동국대 졸업기념 사진.
두 번째줄 왼쪽에서 두 번째 혜성 스님.
앞줄 왼쪽부터 성수 스님, 서운 스님, 청담 스님,
벽안 스님, 석주 스님, 숭산 스님.
1965년 2월 28일

어리석음은 끝이 되고, 성냄은 부싯돌이 되고, 탐욕은 맹렬한 세상의 사나운 불이 되는데,
그러나 이 사나운 불을 끄는 것은 슬기로운 지혜의 물뿐인 것이다.

〈중앙일보〉 '인생무상' 1974년 8월 17일

동국대 대학원 박사 과정에 다닐 당시의 혜성 스님.

동국대 대학원에서 석사학위를 받은 후. 왼쪽 무진장 스님, 오른쪽 혜성 스님. 1968년.

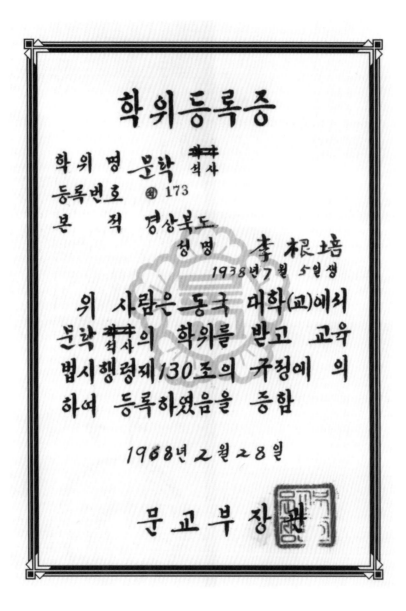

학위등록증

학위명 <s>문학</s> 석사

등록번호 ㊞ 173

본   적 경상북도

성명 李根培

1938년 7월 5일생

위 사람은 동국 대학(교)에서 <s>문학</s> 석사의 학위를 받고 교육 법시행령제130조의 규정에 의 하여 등록하였음을 증함

1968년 2월 28일

문 교 부 장 관

혜성 스님의 문교부 장관 명의 석사학위 등록증. 1968년 2월 28일.

동국대 대학원에서 석사학위 수여식 후 꽃다발을 받는 혜성 스님. 1968년.

동국대 대학원 졸업식에서 대표로 학위증서를 받은 혜성 스님(왼쪽 두번째).
1968년 2월 28일.

동국대 대학원에서 석사학위를 받고. 앞줄 왼쪽 세 번째 청담 스님, 네 번째 혜성 스님,
둘째줄 오른쪽 두 번째 현주 스님, 셋째줄 첫 번째 묘희 스님, 앞줄 왼쪽 첫 번째 법천 스님(우경배).

나로서야 어디 새로운 '영원한 대자유'를 찾아 굳게 정진하리라.

1959년 2월 23일 '행자일기' 에서

나는 살아있는 동안 '영원한 대자유'의 진리를 캘 뿐이다.

1959년 3월 8일 '행자일기'에서

제초기로 잔디를 깎으며 망중한을 즐기는 혜성 스님.

도선사 호국참회원 건립 문제를 사제들과 논의하면서. 오른쪽 혜성 스님. 1969년.

드러내지 않으면서
불교와 종단 발전에 노력

조계종 원로의원 암도 스님

"종비생(宗費生)으로 동국대에 다닐 때 백상원(동국대 재학 학인 스님 기숙사) 대표로 운영비 등의 도움을 받으려고 갔을 때 반갑게 맞이하며 도움을 주셨습니다." 원로의원 암도 대종사는 혜성 스님이 후배들을 많이 아꼈다고 전했다. 동국대 불교학과를 졸업한 혜성 스님은 총무원 재정국장으로 있으면서, 종단 살림이 어려웠지만 한국불교의 미래를 이끌어갈 후배들을 위해서라면 쌈짓돈을 내서라도 후배들의 손에 쥐어 주었다. 암도 스님은 "형편이 어려움에도 반갑게 맞이하고 재정을 보태준 인연으로 혜성 스님에게는 늘 친근감이 있다"면서 미소를 지었다.

1972년 동국대를 졸업한 암도 스님은 종단의 부름을 받아 감찰국장 소임을 맡았다. 당시 혜성 스님은 재정국장으로 있었다고 한다. "청담 큰스님의 후광도 있었겠지만, 혜성 스님은 능력이 있기에 종단 일을 계속했다"고 강조한 암도 스님은 "종단에서 소임을 보면서 곁에서 지켜보니 혜성 스님은 공사(公私)가 분명했다"고 강조했다. "종단 일은 종단 일이고, 도선사 일은 도선사 일이고, 개인 일은 개인 일임을 분명하게 하신 어른입니다. 그러지 않으면 그 당시에 구설(口舌)에 올랐을 텐데, 혜성 스님은 그런 것이 없었습니다."

혜성 스님의 장점에 대해 암도 스님은 "당신을 드러내지 않으면서 불교와 종단 발전에 노력한 사실을 꼽을 수 있다"면서 "또한 도선사와 청담 큰스님을 위해 헌신한 것은 누구도 부인할 수 없다"고 지적했다. "특히 도선사를 중심으로 서울의 '강북불교(江北佛教)'를 반석에 올려놓은 것은 큰 업적입니다." 서울의 중심은 조계사, 강남은 봉은사가 전법과 포교의 역할을 수행했다면, 도선사는 강북불교의

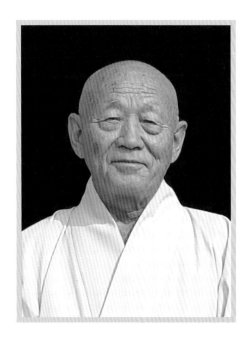

중심으로 수도권에 불교 바람을 일으켰다는 것이다. 암도 스님은 "처음에 도선사는 도선암이라는 작은 암자에 불과했다" 면서 "누구도 잘 쳐다보지 않았는데, 청담 큰스님을 모시고 중창 불사의 원력을 실현해 서울에서 가장 훌륭한 가람으로 일군 것은 혜성 스님의 노력 덕분" 이라고 말했다. 암도 스님은 "모든 어려움을 잘 이겨내고 도선사를 반석에 올린 것은 혜성 스님의 원력과 인연 때문" 이라며 "늘 마음 속으로 존경하는 분" 이라고 밝혔다.

암도 스님은 "검정 고무신으로 상징되는 검소함과 부지런함이 혜성 스님의 트레이드 마크라고 할 수 있다" 면서 "어떤 일을 기획하여 목표를 정하고 나면 그것을 실현해가는 추진력과 성실함을 혜성 스님을 따라갈 수 없다" 고 전했다. "호랑이 같은 청담 큰스님 밑에서 크고 작은 일이 있었을 텐데, 그것을 잘 이겨내어 큰스님을 시봉한 사실만 보더라도 혜성 스님의 성실성은 타의 추종의 불허합니다."

대학 후배이며, 종단에서 소임을 같이 산 인연이 있는 암도 스님은 전국을 돌며 법문을 할 때 혜성 스님 권유로 도선사에서 수차례 설법을 했다. 암도 스님은 "그 때마다 혜성 스님이 반갑게 맞이하며 친근하게 대해 주었다" 면서 "법난 당시 고문으로 몸이 많이 아프셨을텐데, 겉으로 나타내지 않고 의연한 모습을 잃지 않았다" 고 회고 했다.

암도 스님은 "세상의 대부분 사람들이 나이가 들어가면 쉽게 포기하는 일이 많은데, 끝까지 잘하고 계신 모습을 보면 대단히 훌륭하다는 생각을 갖는다" 면서 "80세 생신을 맞이하는 혜성 스님에게 경하(慶賀)드린다" 고 인사했다.

오늘을 사는 우리 인간은 이타적 인간이 되고 인욕적 인간이 될 때,
비로소 민족을 위한 기여자가 될 수 있습니다.
이렇게 될 때 우리는 평화와 통일과 자유의 세계를 창조할 수 있는
인생관(人生觀)과 세계관(世界觀)을 확립할 수 있게 됩니다.

〈신아일보〉 '인욕은 평화' 1975년 3월 4일

제4부

공심

公心

불교 진리는
역사를 떠나지 않아...

공심 公心

1969년 혜성 스님은 대한불교조계종 총무원 재정국장으로 임명 받았다. 당시 종단 살림은 지금과는 너무나 많은 차이가 났다. 분담금이 제대로 걷히는 것도 아니었고, 설사 종단에 재정이 있다고 하더라도 정화불사가 완전히 마무리 되지 않아 대처승과의 잦은 재판에 사용할 수 밖에 없었다.

이처럼 어려운 여건에서 32살의 젊은 나이에 재정국장이란 중책(重責)을 맡은 것은 여러 가지 이유가 있다. 첫째는 당시로는 매우 드물게 혜성 스님이 대학원 석사과정까지 마친 인재였기 때문이다. 정규 대학에서 현대학문을 정상적으로 이수해 사회 물정에도 밝은 스님을 찾기 쉽지 않았다. 또한 1962년 재단법인 선학원 재정국장을 역임하고 1964년 도선사 재무와 주지(직무대행) 소임을 보는 과정에서 살림을 투명하고 공명정대하게 집행한 청빈(淸貧)의 자세가 '어른 스님들' 의 눈에 들었다.

1970년 10월 우리나라 역사상 처음으로 열린 세계불교도지도자대회의 조직위원회 재정부장을 맡아 성공적으로 행사를 진행하며 능력을 인정 받았다. 베트남 틱참차우 스님, 자유중국(대만) 백성 스님, 말레이시아 담만난다 스님, 일본 곤도코 스님, 인도 지나라타나 스님, 실론(스리랑카) 소라타 스님, 버마(미얀마) 베풀라 스님 등 21개국에서 300여명이 참석했다. 한국에서는 청담, 벽안 스님 등 고승들이 함께 했다. 박정희 대통령이 메시지를 보내오고, 정일권 국무총리가 오찬을 제공하는 등 국가 차원의 지원과 국민의 관심 속에 대회는 원만하게 진행됐다. 혜성 스님은 재정부장으로 대회 예산을 마련하고 집행하는 소임을 차질없이 수행했다.

1971년 종단의 입법기구인 조계종 중앙종회 의원(제3대)으로 선출되어 불교 발전을 위한 다양한 제도를 만드는 역할을 수행했다. 1988년에는 제9대 중앙종회의원으로, 1992년에는 제10대 중앙종회의원으로 선출됐다. 이때 스님은 중앙종회 교화분과위원장을 맡아 전법도생(傳法度生)을 위한 종단의 역할을 모색하고, 이와 관련된 제도를 만드는 입법(立法)활동에 최선을 다했다.

1974년에는 조계종 총무원 사회부장으로 임명받았다. 당시 불교계는 동국대 분규, 불국사 주지 임명 파동, 종정 직임 무효 선언 등 크고 작은 사건으로 안정을 찾지 못하고 있었다. 총무원장 경산 스님에게 사회부장으로 임명받은 혜성 스님은 종단 혼란을 수습하고, 불교의 대사회 활동을 강화하는 노력을 경주했다. 이 무렵만 해도 종단의 사회적 활동은 극히 제한됐지만, 중생과 호흡하고 같은 길을 걸어가지 않으면 불교는 도태될 수 있다는 절박한 심정에 혜성 스님은 맡은바 소임을 묵묵히 실천했다.

사회부장으로 재임하던 1975년 1월 15일 부처님오신날이 법정 공휴일이 되는 경사가 있었다. 당시 이원경 문공부 장관은 "석가탄신일을 공휴일로 정한 것은 1600년의 전통을 이어온 800만명을 헤아리는 불교신도로 하여금 이날을 경축하고 기념하게 하기 위한 것" 이라고 밝혔다. 당시 총무원장은 경산 스님이었다.

1975년 9월 총무원장 경산 스님과 함께 사표를 제출했지만 원력과 공심(公心)은 대중의 인정을 받아 10월 7일 종정 서옹 스님으로부터 사회부장으로 재신임 받았다. 이때 총무부장은 고산 스님, 교무부장은 철인 스님, 재무부장은 월서 스님이 함께 임명됐다.

4년간 총무원 사회부장을 지내며 혜성 스님은 활발한 대외 활동을 전개했다. 특히 〈동아일보〉, 〈조선일보〉, 〈서울신문〉, 〈신아일보〉 등 주요 일간지에 불교의 가르침을 현대인들이 쉽게 이해할 수 있도록 하는 내용의 칼럼을 게재해 독자와 국민에게 감동을 주었다. 또한 청담 대종사가 창간한 〈대한불교신문(지금의 불교신문)〉 편집간사를 맡아 언론을 통한 불교문화 창달과 종도들의 언로(言路) 소통에 기여했다.

혜성 스님은 "불교의 진리가 추구하는 인간의 참된 자아(自我) 문제도 역사를 떠나서가 아니고, 역사 안에서 또 인간의 비참과 속박을 극복하기 위해서, 모든 사회적이고 구체적인 계획에 과감히 참여하지 않고서는 발견할 수 없기 때문"이라고 강조한 바 있다.

종단 안팎의 크고 작은 직책을 맡은 혜성 스님은 나 보다는 남, 개인보다는 전체를 위해 공명정대하게 업무를 집행했다. 재정국장 시절에는 살림이 어려운 상황에서 종단의 재원을 마련하기 위해 백방으로 뛰어 다녔다. 어렵게 마련한 정재(淨財)는 단 한푼도 소홀하게 사용하지 않아 어른 스님들로부터 "부처님 돈을 참으로 맑고 깨끗하게 쓴다"는 칭찬을 들었다. 총무원 사회부장으로 봉직하면서는 종단의 화합과 안정을 위해 노력하는 한편, 불교의 대사회 활동을 강화하는 노력을 기울였다. 정화불사과정에서 표출된 여러 가지 일로 국민의 시선이 따뜻하지만은 않았기에 스님의 이같은 노력은 불교와 종단의 이미지를 개선하는 효과를 거두었다. 중앙종회의원 시절에도 오직 불교와 종단을 우선했다. 종무직(宗務職)과 공직(公職)을 수행하는 데 있어 혜성 스님의 기준은 신심(信心)과 공심(公心)이었다.

서울 조계사에서 열린 중앙금강계단 제4회 보살계 대법회 기념사진. 두 번째 줄 왼쪽 세 번째 혜성 스님.

의자에 앉은 스님 왼쪽 여덟 번째부터 숭산 스님, 벽암 스님, 지월 스님,

청담 스님, 석암 스님, 동산 스님, 경산 스님, 열여섯 번째 청우 스님.

1960년 음력 4월 24일

불교정화운동에 대한 논의를 마치고 서울 창덕궁 대조전 앞에서 기념 촬영.

앞줄 왼쪽 첫 번째 혜성 스님, 뒷줄 세 번째부터 청담 스님, 동산 스님, 경산 스님. 1959년 8월 20일.

불교가 관념적이고 피상적인 종교냐 하면 그렇지 않습니다.
우리는 보리(菩提)를 구한다는 말을 자기 안주(安住)를 위한 소아적인 개념으로 해석하기 쉬우나,
불교를 실천 수행함에는 여섯 가지의 큰 덕목이 있으니
이를 일컬어 육바라밀(六波羅蜜)이라고 합니다

〈신아일보〉 '육바라밀'

도반과 함께 망중한을 즐기며. 오른쪽 혜성 스님.

第一回 陸 海 空軍 士官生徒合同 大法会 佛紀二九八七年 九月二十八日

제1회 육해공군 사관생도 합동대법회를 마치고 기념촬영. 두 번째 줄 왼쪽 세 번째 혜성 스님.

뒷줄 왼쪽 두 번째부터 혜성 스님, 고암 스님, 청담 스님, 서옹 스님.

총무원 재정국장 재직 당시 제주도에서. 왼쪽 세 번째 혜성 스님, 네 번째 총무국장 월탄 스님.
1970년 가을.

중앙교육원 수료식 기념사진.
네 번째줄 오른쪽 두 번째 혜성 스님. 서울 조계사 대웅전 앞.

오대산 월정사 중창 낙성식에서 대중과 함께.
두 번째 줄 오른쪽에서 두 번째 혜성 스님.
앞줄 왼쪽 네 번째 탄허 스님,
다섯 번째 여섯 번째 조중훈 한진그룹 회장 내외,
일곱 번째 청담 스님.
1964년

1960년대 후반 스님들과 함께.

네 번째 줄 오른쪽에서 두 번째 혜성 스님. 맨 앞줄 왼쪽부터 숭산 스님, 법룡 스님, 청담 스님.

은사 청담 스님을 모시고 대중과 함께 북한산 산행을 하며. 맨 뒤가 혜성 스님.
오른쪽 두 번째 청담 스님, 왼쪽 첫 번째 지하 스님. 1960년대 후반.

월산 스님 총무원장 취임식후 조계사 대웅전 앞에서.
두 번째 줄 가운데 혜성 스님. 1969년.

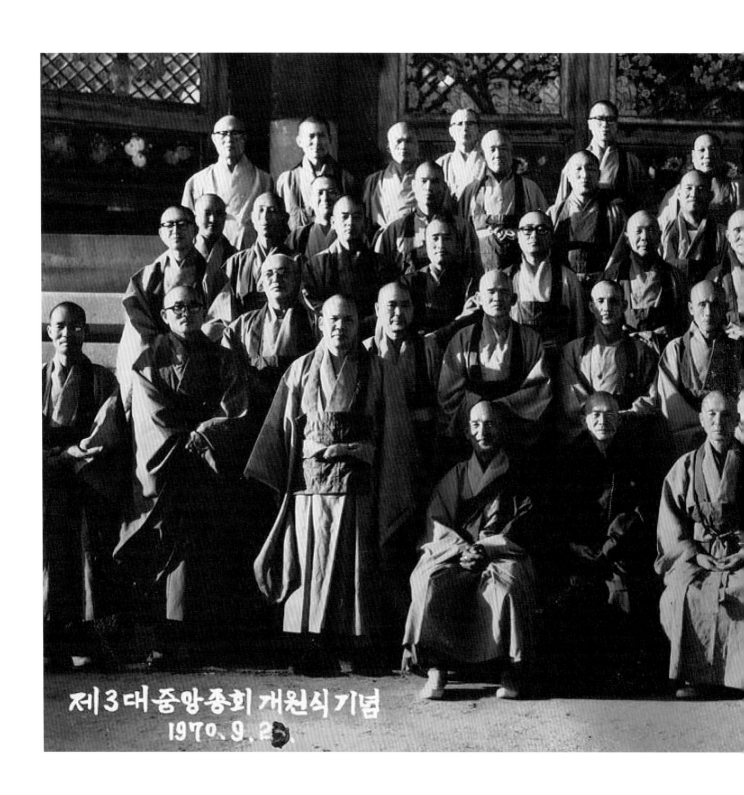

제3대중앙종회 개원식기념
1970, 9, 2

190

제3대 중앙종회 개원 기념 사진.
서울 조계사 대웅전 앞. 셋째 줄 왼쪽 세 번째 혜성 스님.
1970년 9월 23일.

조계종 총무원 재정국장 당시 중앙종회에서 종무행정을 보고 하는 혜성 스님(왼쪽). 1971년.

총무원 재정국장 시절 중앙종회에 출석해 업무를 보고 하는 혜성 스님(서 있는 스님).
'대한불교조계종 종합계획, 1971년도 종무행정계획'이란 차트가 이채롭다.

조계종 총무원이 주최한 제1회 재무국장 강습회를 마치고,
두 번째 줄 왼쪽에서 세 번째 혜성 스님. 앞줄 가운데 청담 스님.
1971년 3월 18일.

서울시청 앞에서 대한불교 조계종이 주최하고 대한불교총연합회가 후원한 부처님오신날 봉축탑을 제막하고.
왼쪽에서 다섯 번째 선래 스님, 일곱 번째 혜성 스님, 여덟 번째 자운 스님, 아홉 번째 서웅 스님.
1970년대 중반

서울시청 앞에서 부처님오신날 봉축탑을 살펴보는 모습.
왼쪽 첫 번째 서옹 스님, 세 번째 암도 스님, 일곱 번째 혜성 스님, 여덟 번째 선래 스님.
1970년대 중반

청담 대종사로부터 공로패를 받는 혜성 스님.

종정 서옹 스님을 모시고 대중과 함께. 현판 오른쪽 혜성 스님.
앞줄 왼쪽부터 월탄 스님, 경산 스님, 서옹 스님, 서운 스님. 1970년대 중반.

새마을 훈장 근면장 수훈 직후 총무원 사회부장실에서 혜성 스님.
1974년 12월 17일.

박정희 대통령에게 새마을 훈장 근면장을 수훈하는 혜성 스님.
1974년 12월 17일 청와대.

경주 불국사에서 종정 고암 스님을 비롯한 종단 지도부와 함께.
두 번째 줄 왼쪽에서 네 번째 혜성 스님. 1970년대 중반

왼쪽에서 세 번째 혜성 스님, 다섯 번째 청담 스님.

水災의연금·이웃돕기성금 기탁
佛教 조계종, 193萬여원 本社에

대한불교조계종(종정 李西翁)은 수재의연금 1백39만 6천원과 불우이웃돕기성금 53만8천원을 17일 문화방송 경향신문에 기탁했다.

대한불교조계종 사회부장 李慧惺스님이 李桓儀본사사장에게 수재의연금과 불우이웃돕기 성금을 전달하고있다.

조계종 사회부장 혜성 스님이 종단에서 모금한 수재의연금을 이환희 사장에게
기탁한 내용을 보도한 〈경향신문〉 기사. 1977년 8월 18일

불교는 기복만을 위한 것은 아닙니다.
자기의 참성품을 바로 알아 언제 어디서나
망상이 나지 않는 해탈(解脫)을 구하는 것이 참불교인 것입니다.

〈신아일보〉 '기도' 1975년 2월 10일

괴로움의 원인인 욕망을 끊고 잘못의 원인인 집착에서 떠나 버린다면
거기엔 이제껏 맛보지 못한 극락 세계가 나타나게 될 것입니다.
그것이 바로 석가모니 부처님께서 몸소 시범(示範)하신 '출가(出家)'인 것입니다.

〈불교신문〉. 1973년 3월 3일 '행복을 닦는 일'

大韓佛教曹溪宗 第10代 中央宗會
佛紀 2536年　9月　1日

208

대한불교조계종 제10대 중앙종회 개원식을 마치고
조계사 대웅전 앞에서 기념 촬영.
앞줄 왼쪽 첫 번째부터 혜성 스님, 정관 스님, 월탄 스님,
다섯 번째부터 혜암 스님, 고송 스님, 서암 스님, 의현 스님,
월주 스님, 월서 스님, 오른쪽 첫 번째 지하 스님, 두 번째 도성 스님.
1992년 9월 1일.

종단 초석 놓는데
크게 기여한 부처님 제자

조계종 원로의원 월탄 스님

"혜성 대종사의 생활은 정말 부처님 제자다웠습니다. 진작에 대종사 법계를 품수 받았어야 하는데, 지금이라도 대종사로 모시게 되어 문도뿐 아니라 종단 차원에서도 대단히 기쁜 일입니다."

조계종 원로의원 월탄 대종사는 "10·27법난을 당해 건강상 어려움이 많은데도, 지금까지 본심(本心)을 잃지 않고 정진하는 혜성 스님이 존경스럽다"면서 대종사 법계 품수를 경하했다. 월탄 스님은 본심(本心)에 대해 "오욕(五慾)과 칠정(七情), 그리고 108 번뇌(煩惱)에 물들지 않은 순수한 부처님 마음"이라고 덧붙였다.

월탄 대종사는 "아난존자가 부처님을 모시듯 청담 큰스님을 시봉하며 한국불교 1600년 역사를 되찾고 종단의 초석을 놓는데 혜성 스님이 크게 기여했다"면서 "청담 큰스님을 모시는 시자로 혜성 스님은 모범을 보였다"고 강조했다.

또한 월탄 스님은 "특히 한국의 미래를 이끌어갈 학생들에게 불심(佛心)을 심어주고, 어려운 사람들을 위해 사회복지를 실천한 공은 높이 평가 받아야 한다"고 말했다. "교육의 궁극적인 목적은 학생들을 우리 사회에 기여하는 인재를 키우는데 있는 것입니다. 특히 청담중고등학교를 통해 불심(佛心)까지 겸비한 동량을 배출한 것은 단순히 불교를 위해서만이 아니라, 사회와 국가를 위한 공헌으로 크게 박수 받을만한 일입니다."

월탄 대종사는 "복지관(혜명복지원, 혜명양로원 등)을 만들어 괴로움을 겪고 있는 중생들의 눈물을 닦아준 혜명 스님의 원력과 노고는 대단히 거룩한 일"이라면서 "어려움에 봉착했던 수많은 이들에게 용기와 희망을 준 것은, 그대로가 보살행(菩薩行)이 아니겠냐"고 강조했다.

월탄 스님은 1970년대 같은 시기에 총무원에서 혜성 스님과 종단 소임을 본 인연도 이야기 했다. 당시 혜성 스님은 재정국장, 월탄 스님은 감찰국장을 맡고 있었다. 혜성 스님이 사회부장 소임을 볼 당시, 월탄 스님은 총무부장으로 재직하고 있었다.

월탄 대종사는 "한 2년 정도 같이 지낸 것으로 기억한다"면서 "어느새 세월이 물처럼 바람처럼 흘러가 버리고 말았다"고 했다. "그때는 국가도 그렇지만, 종단도 살림이 어려웠습니다. 아직 행정이나 사무체계도 자리 잡지 못해 미약했고, 재정도 늘 바닥이어서 근근이 이어나갔습니다." 그러나 월탄 스님은 "당시 소임을 보았던 스님들은 종무행정에 밝지는 않았지만, 그래도 신심과 순수함을 갖고 있었다"면서 "큰스님들을 보필하면서 오직 한국불교와 종단 발전만을 생각하며 정직하게 살고자 했다"고 회고했다. "그 시절에 저와 혜성 스님 외에도 교무국장으로 있던 정달 스님까지 셋이서 항상 뜻을 맞춰 올바른 종단, 부처님 법에 따르는 종단을 만들고 수호하기 위해 최선을 다했습니다."

월탄 스님은 "한국불교의 수행전통을 올바르게 계승한 승단으로 더욱 발전해 나가야 한다"면서 "대한불교조계종은 효봉, 동산, 청담, 금오 스님 등 큰스님들이 모든 것을 바쳐 만든 종단"이라고 강조했다. "그 어른들을 모시고 살았던 그 시절의 젊은 우리들은 너무 행복했습니다. 돌이켜 보니 너무나 좋은 시간들이었습니다."

월탄 스님은 "출가사문의 길에서 부처님 제자답게 올곧게 살아오며 많은 일을 한 혜성 스님의 금생을 거룩하다고 하지 않을 수 없다"고 전했다.

젊은 승가인들은 과학문명, 물질만능 속에 이 시대를 이끌어갈 주인공으로
삼계 대도사가 되어야하기에 중생교화를 위해서 학문탐구와 수행정진을 겸수하고
한국불교를 중흥하며 나아가 통일조국을 성취,
세계평화를 위해 공헌해야 할 오늘의 선지식이 되어야 할 것입니다.

1992년 9월 24일 승가대신문 창간 2주년 기념사에서

제5부

인재불사

人才佛事

인성 겸비한 인재 양성
사회와 국가에 이바지

인재불사 人才佛事

초등학교부터 고등학교까지 우수한 성적으로 졸업한 혜성 스님은 은사 스님의 권유로 동국대에 진학했다. 평소 공부하기를 즐겨한 까닭에 열심히 수학하여 박사과정까지 마쳤다. 혜성 스님은 어린 학생들에게 배움의 기회를 제공하는 것이 개인의 미래를 밝혀주는 것은 물론 국가발전에 이바지 한다는 소신이 있었다. 또한 지식의 습득만이 아니라 인성(人性)을 겸비한 인재를 양성하는 것이 우리 사회와 국가를 위해 무엇보다 중요한 일이라는 확신이 있었다.

1975년 팽성중학교를 인수하면서 교육사업을 본격적으로 추진했다. 허름하고 볼품 없던 팽성중학교를 학교법인 청담학원(靑潭學園) 산하의 청담중학교로 이름을 바꾸고 초대 이사장에 취임했다. 이후 교육입국(敎育立國)과 인재양성(人材養成)의 원력을 실현하기 위해 각고의 노력을 다했다. 자비, 정진, 지혜의 교훈을 학생들의 마음에 심어주어 실력과 인성을 겸비한 인재로 기르기 위해 최선을 다했다. 이와함께 불교의 가르침에 자연스럽게 훈습(薰習) 되도록 청담중학교 현관에 석가모니불 입상을 건립하는 한편 〈자비〉, 〈정진〉, 〈지혜〉, 〈정각〉, 〈광명〉 등 불교 교과서를 간행하기도 했다. 1976년 청담학원 부설로 청담종합고등학교를 인가받아 개교했다. 교지(校地) 3만 3,058m²(약 1만 평)에 45개 교실을 신축하여 학생들이 보다 좋은 환경에서 학업에 집중할수 있도록 했다. 1986년에는 청담고등학교 현관에 관음보살 입상을 건립하고, 이듬해에는 청담학원 법당 '청담정사(靑潭精舍)'를 준공했다.

청담중고등학교 교지 〈마음〉에 실린 글에서 스님의 교육에 대한 사명감과 학생들에 대한 사랑, 그리고 당부를 들을 수 있다. "작은 운동장이 넓어졌고 몇 개의 교실이 수십개가 되면서 해마다 변해온 나날들이었지만 마음은 예전과 달라진 것이 없고, 청담의 교문 안에는 언제나 싱그러운 향내음이 가득하여 밝고 바른 배움의 터전이 되기를 항시 기원하는 바입니다."

스님은 1974년 9월 청담학원 이사장으로 취임했다. 청담상고, 청담정보고를 거쳐 2010년 청담고교로 학교 이름을 바꾸었다. 지금까지 1만 2,756명이 졸업했다. 청담중학교는 1975년 1월 팽성중학교(6학급)에서 교명을 변경한 후 30학급으로 증설하여 지금까지 1만 1,559명의 졸업생이 나왔다.

스님은 팔순의 연세이지만 영동대학교와 형석학원 이사 소임을 보고 있다. 평소 인연이 깊은 김맹석 영동대 설립자의 권유와 교육의 중요성을 인식한 스님의 뜻이 맞았다. 1982년 형석학원 이사로 취임해 충북 증평에 있는 형석중학교와 형석고등학교의 발전에 기여하고 있다. 형석고등학교는 1979년 3월 개교하여 2016년 2월까지 7,459명의 졸업생을 배출했다.1970년 3월 문을 연 형석중학교는 2016년 2월까지 7,405명의 졸업생이 나왔다. 미래를 이끌어갈 글로벌 인재를 양성하기 위한 목적으로 1994년 개교한 영동대학교는 충북 영동과 충남 아산에 캠퍼스를 운영하고 있다.

혜성 스님은 청담 대종사의 뜻에 따라 청담학원 이사장과 이사를 지내며 청담중학교(교장 유원석)와 청담고등학교(교장 방남수)의 발전을 위해 헌신했다. 또한 김맹석 이사의 권유로 형석학원 이사로 참여하여 형석중학교(교장 김성배)와 형석고등학교(교장 한채화)가 발전하도록 관심을 기울였다. 또한 영동대학교(총장 채훈관)는 1990년 학교법인 금강학원 이사로 선임되어 지금까지 봉직하며 이사회에 단 한차례도 빠지지 않고 참석할 정도 애정을 보이며, 시대변화를 선도하고 학생의 미래와 꿈을 최우선하는 명문사학으로 발돋음 하기를 염원하고 있다.

교육불사에 있어 혜성 대종사의 또 하나의 업적은 출가수행자 교육에 관심을 가졌던 것이다. 인천(人天)의 사표이며 불법(佛法)을 세세생생 이어갈 도제(徒弟)를 양성하는 막중한 소임을 보았다.

1988년 석주 스님에 이어 중앙승가대 제3대 학장으로 취임했다. 당시 교계에서는 정규대학 인가를 받기 위해 다양한 방법을 모색하고 있었다. 그러나 대학 건립 부지 마련과 건축 비용 등의 예산을 마련하는 일이 난망했다. 종단에서도 승가대학 인가를 위한 설립추진위원회를 구성해 방안을 찾기 위해 심혈을 기울였지만 마땅한 방법이 없었다. 이런 상황에서 평소 교육불사와 인재양성에 관심이 많고, 직접 학교를 운영한 경험이 있는 혜성 스님이 학장을 맡게 된 것이다. 또한 총무원 사회부장과 재정국장 등을 지내며 공심(公心)으로 투명한 살림을 했던 이력도 발탁 배경의 하나이다. 대학원 박사과정까지 마친 세속의 학력도 학장 취임의 이유이다.

중앙승가대 학장과 캠퍼스가 있는 개운사 주지를 겸한 혜성 스님은 학교의 비약적인 발전을 이루기 위해 노심초사했다. 우선 개운사 확장 이전 불사를 통해 승가대 운동장을 넓혀, 학인들이 쾌적한 환경에서 심신을 증진할 수 있도록 했다. 또한 정부에서 학교법인 승가학원으로 교지 1만 9,835m²(약 6,000평)의 기증 승인을 받아 등기를 마쳤다. 이와함께 1989년에는 서울 봉은사를 중앙승가대학 지원 사찰로 인연맺게 하여 안정적인 재원을 확보하는 기틀을 조성했다.

내실을 다진 혜성 스님은 물밑으로 정규대학 인가를 받기 위해 각고의 노력을 기울였다. 비인가 학교에서 인가 대학으로 전환하는 것은 그리 쉽지 않았다. 다각적인 노력을 기울였으며 1990년 학장으로 재임한 뒤 불교계의 숙원이었던 중앙승가대의 4년제 대학 학력인정 각종 학교 인가를 받았다. 학인들이 정부에서 발급하는 정식 졸업장을 받을 수 있게 되었다. 사실 중앙승가대의 4년제 각종학교 인가는 1980년 신군부에 의해 자행된 10·27법난의 보상 성격이 전혀 없지 않았다. 당시 억울한 누명을 쓰고 고초를 겪은 혜성 스님이기에 감회는 남다를 수 밖에 없었다. 중앙승가대의 첫 출발도 법난을 겪은 후 태동되었으니, 혜성 스님과 학교의 인연은 지중하다. 1990년 학장으로 취임하면서 〈불교신문〉과의 인터뷰에서 스님은 중앙승가대 교육 목표에 대해 "과거의 승려교육은 자기수행적 교육에 한정돼 왔으나 이제 중생제도와 포교에 적극적으로 나서기 위해서는 승려의 기본교양과 전문화·현대화된 능력이 필수적"이라며 "학문과 수행을 겸비하면서 현대적 전문분야의 교육에 힘쓰겠다"고 밝혔다.

이에앞서 혜성 스님은 1989년 7월 학교의 모체인 승가학원의 법인 설립을 정부에서 인가를 받았다. 초대 이사장은 총무원장 의현 스님이 선출됐고, 혜성 스님은 상임이사를 맡았다. 이어 1990년 2월 대학인가, 1991년 학력인가를 받는 쾌거를 이뤄냈다. 정부의 수도권 정비계획법으로 난관이 있었지만 안암동(개운사) 캠퍼스에 정진관(강의실, 교수연구실, 도서관, 학생회관, 강당)을 준공하고, 자비관 증축불사를 추진하는 수완을 발휘했다. 1993년 김포학사 부지 16만 5,289m²(약 5만 평)의 소유권을 학교법인 승가학원으로 등기이전 완료하는 등 재도약의 토대를 구축했다.

그리고 1991년 12월 중앙승가대 지원재단으로 행원문화재단(이사장 주영운) 설립을 권유해 학인들이 안정적인 여건에서 공부하는 것은 물론 스님과 재가불자들이 신심을 고취하여 전법(傳法)에 매진할 수 있도록 했다. 학장 재임 시절에는 승가대 신문 창간(1990년 9월), 부속 도서관 개관(1991년 11월), 전산원 개원(1992년 3월), 불교사학연구소(1992년 11월)·불교사회복지연구소(1993년 4월)·불전국역연구원 개원(1993년 5월)·일본 교토불교대학 자매결연(1993년 10월)·비구니수행관(기숙사) 기공식(1993년 12월) 등 학교 발전을 위한 다양한 노력을 기울여 성과를 거두었다. 이밖에도 종로구청 위탁 부설 조은어린이집(1991년 6월), 송파구청 위탁 부설 삼전종합사회복지관(1991년 8월)을 개관하고, 1992년 3월에는 보건복지부 위탁교육기관인 보육교사교육원을 개원하는 등 불교사회복지의 초석을 놓았다.

의현 스님은 "일찍이 교육의 절대적 높은 가치를 자각한 선각자인 혜성 대종사는 혜명복지원과 청담중고등학교를 설립하였다."면서 "중앙승가대학 학장 재직 시에는 인재난으로 어려움에 처해 있는 종단에 남다른 원력으로 자비무적(慈悲無敵)의 부처님 정신과 사상을 건학이념으로, 수많은 인재를 길러 배출하여 교세를 신장시키고 종단의 중흥불사에 초석(礎石)을 놓은 지도자"라고 강조했다.

혜성 스님은 학장으로 있을 당시 "불보살의 가피와 시절인연이 도래했고, 전 종도들의 간절한 기도와 승가대 동문선배들의 끊임없는 노력, 재학생들의 원력 덕분이었다"고 당신 보다는 부처님과 대중에게 공을 돌렸다. 이어 혜성 스님은 "크고 많은 은혜를 갚기 위해 기대에 어긋나지 않도록 합심단결하고 안으로는 수행은 물론 학업 연마에 혼신의 힘을 다해야 한다"면서 "21세기를 이끌어갈 현대에 모범이 되게끔 정진 또 용맹정진할 것을 다짐한다"고 발원했다. 2001년 1월 개운학사에서 김포학사로 이전한 중앙승가대학교는 학부과정은 물론 대학원까지 운영하며 승가교육의 중심으로, 한국불교의 백년대계를 발원하는 도량으로 자리매김했다. 2016년 현재 원행 스님이 총장 소임을 보고 있으며, 지금까지 학부 졸업생 1,979명(문학사 1,212명)과 대학원 명예박사 11명, 박사 13명, 석사 110명을 배출했다.

더더욱 한순간이라도 나를 놓지 말고 시시각각 나 자신을 탐구하고 수행하는 것이
오늘의 내가 해야 할 일이라고 생각을 바꾸었다.

1959년 '수행일기를 끝내며' 에서

영동대 이사장실에 걸려 있는 '상락아정' 으로 혜성 스님 친필 휘호이다. 혜성 스님은 영동대 이사이다.

常樂我淨

庚辰年仲秋 振佛獎 慧惺

청담중고등학교를 방문한 스리랑카 스님들과 대화하는 모습.
왼쪽 두 번째 혜성 스님, 오른쪽 첫 번째 박남규 당시 교장. 1970년대 후반.

한국을 방문한 스리랑카 스님들과 고위 당국자를 만나 기념 촬영.
왼쪽 첫 번째 혜성 스님, 오른쪽 두번째 서영희 국회의원. 1970년대 후반.

청담중고등학교 불교학생회 하계수련대회 지도법사 및 교사들과 함께. 앞줄 왼쪽에서 네 번째 혜성 스님.
1979년 7월.

청담중.종합고등학교불교학생회하계수련대회
1979. 7. 26 ~ 7. 28. 호국참회총본찰 제도선사

버클리대 초청으로 미국 방문시 워싱턴 D.C 워싱턴 기념탑 앞에서 일행과 함께.
뒷줄 왼쪽에서 네 번째 혜성 스님. 1986년 6월.

◇佛敎專門大學 설립、靑潭학원 平澤에부지마련॥

寺刹경영학과를 포함한 최초의 불교전문대학 설립이 추진되어 큰 관심을 모으고 있다.

故靑潭大宗師의 인재양성유지를 받들어 설립된 靑潭학원(이사장 李慧悟)은 京畿道平澤군彭城읍南山리 靑潭中・종합고교옆에 부지 2만여평을 마련、문교부에 인가신청중이다.

교명을 靑潭실업전문대학으로 내년 개교를 목표로한 설립안에 따르면 2년제로 僧伽・佛敎美術・佛敎工藝・觀光・保育・사찰경영학과(각과정원 40명)를 두고 예산17억원을 연차적으로 투입할계획이다.

청담학원의 대학 설립 준비 상황을 보도한 1980년 6월25일자 〈매일경제〉 기사.

같은 해 10월 27일 법난이 발생하지 않았으면 청담학원은 대학을 설립했을 가능성이 크다. 안타까운 일이다.

청담중고등학교와 자매결연을 맺은 일본 후지(富士)고등학교를 방문하여 학생들의 환영을 받는 혜성 스님을 비롯한 일행.
1988년 9월.

청담고등학교 자매학교인 일본 후지(富士) 고등학교 일행과 임경호 경기지사를 방문해 환담하는 모습.
1990년 6월.

청담중고등학교와 자매결연을 맺은 일본 후지(富士)고등학교 방문시 선물을 받는 모습. 오른쪽 혜성 스님.
1993년 1월 21일.

청담종합고등학교를 방문한 일본 후지(富土)고등학교 방문단 환영식에서 환영사를 하는 혜성 스님.

청담종합고등학교 교장 시절 학생들에게 법문을 하는 혜성 스님.

청담 대종사 성상 및 통일기원도 제막식 동참자들과 함께.

앞줄 왼쪽에서 다섯 번째 동광 스님, 여섯 번째 혜성 스님. 1996년 10월 11일

청담 대종사 통일기원도 제막식 기념사진. 두 번째 줄 왼쪽에서 네 번째 혜성 스님.
앞줄 왼쪽 두 번째부터 혜명 스님, 석주 스님, 월주 스님, 지하 스님, 동광 스님. 1996년 10월 11일 청담학원.

황철수 경기도 교육감에게 청담종합고등학교 교장 임명장을 받는 혜성 스님.
1986년 3월

평택 청담학원에서 열린 제15회 교학지정연구수업에 참여한 전국 종립 중고등학교 교장 선생님들과.
왼쪽 첫 번째 혜성 스님. 1986년 11월.

청담학원을 설립한 사학 육성 공로 수상자로 선정돼 봉황장을 받는 혜성 스님.
1996년 11월 6일. 서울 63빌딩 국제회의장.

김선기 평택시장에게 청담학원 설립 공적으로 감사패를 받는 혜성 스님.
1996년.

불교교육연합회 주최로 청담중고에서 열린
제45회 교학연구발표회 참석자들과 함께.
앞줄 왼쪽에서 여섯 번째 일면 스님, 일곱 번째 혜성 스님.
2015년 10월 16일.

청담종합고등학교 교직원들과. 앞줄 가운데 혜성 스님.
1989년.

청담고 교직원과 기념 사진.
오른쪽 앞줄 가운데 혜성 스님, 왼쪽 방남수 교장, 오른쪽 백미나 교법사, 서은하 법인 국장. 2015년.

승가학원 이사장 의현 스님으로부터 중앙승가대 학장 임명장을 받는 모습. 왼쪽 혜성 스님, 오른쪽 의현 스님.
1988년 3월 20일.

중앙승가대학장 임명장 수여식에서 상좌 도웅 스님의 축하 꽃다발을 받는 모습. 왼쪽 혜성 스님.
1988년 3월 20일.

일은 행복의 어머니다.

창조적이고 건설적인 일은 우리를 오늘의 행복과 내일의 번영과 영원한 평화로 이끌어 주는 진리다.

그래서 석가는 '자생산업즉불법(自生產業卽佛法)'이란 일에 대한 신성한 믿음을 강조했던 것이다.

한국일보 '작무(作務)' 1974년 8월 7일

중앙승가대 학장 취임식후 다과회 장면. 왼쪽부터 혜성 스님, 이철 국회의원, 석주 스님, 의현 스님.
1988년 5월.

중앙승가대 제3대 학장 취임식에서 부처님께 고하는 고불(告佛) 의식을 하는 모습.
왼쪽부터 석주 스님, 혜성 스님, 이철 국회의원. 1988년 5월 2일.

중앙승가대 학장 취임식에서 인사말을 하는 혜성 스님.

1988년 5월 2일.

정규대학 승격 '꿈' 부풀어
개교10돌 중앙승가대

정부 '10·27법난 보상' 인가 고려…설립추진위 구성

조계종의 유일한 승려 고등교육기관인 중앙승가대학(학장 혜성 스님)이 13일로 개교 10주년을 맞았다.

승가대학은 12일부터 14일까지 갖가지 기념행사를 갖는 한편 숙원사업으로 추진해 온 정규대학 설립에 박차를 가하는 등 명실공히 불교 현대화의 요람이 될 것을 다짐하고 있다.

특히 그동안 승가대 승인불가 방침을 고수해 온 정부당국이 10·27법난의 보상 차원에서 대학 설립인가를 고려하고 있는 것으로 알려져 승가대 설립추진 작업이 활기를 띠고 있다.

조계종은 종단의 중진 스님 27명으로 추진위원회를 구성하고 이 학교 총무국장을 지낸 성문 스님을 사무처장에 선임, 구체적인 작업에 들어갔다.

종단에서는 '학교법인 승가학원' 설립인가가 늦어도 오는 초파일(5월12일)까지는 나올 것으로 기대하고 있다.

이에 따라 우선 일반대학 편입학과 대학원 진학이 가능한 4년제대학 학력인정 각종학교 인가를 받고 4년제 정규대학 설립을 계속 추진한다는 계획이다.

승가대 설립추진위는 6월말까지 4년제대학 허가 신청서류를 제출하기 위해 재단이사 구성, 용인·안성 등지에 부지 물색, 교육과정 마련 등 작업을 진행한다.

문제는 부지 매입, 건축기금 등 재원 확보인데 총무원의 지원금 외에 사부대중을 상대로 한 설립기금 모금운동도 계획중이다.

민족정신에 바탕을 둔 불교 전통을 창조적으로 계승하고 중생과 사회가 안고 있는 모순·고통을 제거한다는 이념 아래 79년 성문·범산·평산·화정 등 네 스님이 설립한 승가대학은 불교계에서 가장 행동력 있는 진보그룹으로 꼽힌다.

지난 몇년 동안 민주화운동 과정에서도 활발한 움직임을 벌여왔으나 지난해 봉은사사태로 종단분규에 휘말리면서 다소 침체된 분위기를 보이고 있다.

따라서 개운학사의 이번 10돌 승가축제는 그 표어대로 "여래의 깃발을 치켜들고 여토를 향하는" 새출발의 의미를 지닌다.

12일 저녁 범패의식 천도재 및 놀이 한마당 등 전야제로 시작된 축제는 13~14일 기념식, 꽃꽂이전시, 도예전, 시국강연회, 체육대회, 국악제, 불자가수 초대음악회, 정일 스님 법문, 승가의 밤 등 다채로운 행사로 이어진다.

〈오 룡 기자〉

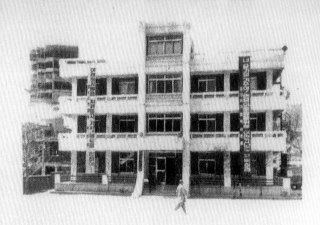

서울 안암동 개운사 안에 있는 중앙승가대학 본관.

1989년 4월13일자 〈한겨레〉. 개교 10돌을 맞은 중앙승가대가 정규대학 승격을 눈앞에 두고 있다는 보도를 하고 있다. 당시 중앙승가대 학장은 혜성 스님.

종단 주최로 중앙승가대에서 열린 제10차 포교사 연수교육에서 치사를 하는 혜성 스님.
1989년.

중앙승가대 학장 임명장.

1990년 3월 2일.

중앙승가대학이 대학 학력 인정 각종 학교로 인가받은 후 현판식 모습.
왼쪽부터 의현 스님, 혜성 스님, 석주 스님, 종서 스님. 1990년 3월.

인간은 스스로의 결단에 의해 자기의 미래를 결정한다.

〈신아일보〉 '행복과 불행' 1975년 6월 13일

중앙승가대 제8회 졸업식에서 치사를 하는 혜성 스님.

1990년 2월 22일.

중앙승가대 정진관 준공후 보일러실 등 시설을 돌아보는 모습.
왼쪽 세 번째 지하 스님, 네 번째 의현 스님, 다섯 번째 혜성 스님. 1992년.

중앙승가대 제8회 졸업식에서 공로상을 수여하는 모습. 왼쪽 도각 스님, 오른쪽 혜성 스님.

1990년 2월

1990년 3월 1일자 〈경향신문〉. '승려교육 현대화로 불교개혁 주도'라는 제목으로 4년제 정규대학으로 개편된
중앙승가대학 학장 혜성 스님의 인터뷰 기사.

정주영 현대그룹 명예회장이 중앙승가대를 방문해 강연을 하고 있다.
뒷줄 왼쪽부터 혜성 스님, 의현 스님, 월운 스님, 송산 스님.

혜성 스님이 6년간 학장으로 재임 당시 조성한 중앙승가대 (안암동) 정진관. 중앙승가대는 김포로 이전했다.

서울 덕수궁에서 열린 '일연의 달' 기념행사를 마치고. 앞줄 왼쪽 세 번째 석주 스님, 네 번째 김대중 민주당 대표,
다섯 번째 혜성 스님. 일곱 번째 동출 스님, 여덟 번째 김상현 동국대 교수, 뒷줄 첫 번째 동명 스님,
다섯 번째 박지원 국회의원, 뒷줄 오른쪽 끝 김상영 중앙승가대 교수. 1992년 7월

중앙승가대 학장 재임시 학교 발전기금 조성을 위한 선서화전 작품을 감상하는 모습.
왼쪽에서 첫 번째 의현 스님, 두 번째 혜성 스님, 네 번째 이철 국회의원.

중앙승가대 발전기금 조성을 위한 선서화전에
참석한 방송인 송해 씨와 악수를 나누는 혜성 스님.

서울 덕수궁에서 열린 '일연의 달' 기념식에 참석한 내빈을 맞으며.
왼쪽 세 번째 혜성 스님, 네 번째 암도 스님. 1992년 7월.

평택 청담중고등학교를 방문해 자료를 살피는 혜성 스님.

2015년 6월.

청담고 교장실에서 학교 관계자들과 담소를 나누는 혜성 스님.

2015년 6월.

청담중고등학교 교문에 혜성 스님의 대종사 품수를 봉축하는 현수막이 걸려 있다.
2015년 10월.

청담중고에서 열린 불교교육연합회 지정 제45회 교학연구발표회에서 자료를 살펴보는 혜성 스님.
2015년 10월 16일.

청담중고에서 열린 불교교육연합회 지정 제45회 교학연구발표회에 참석한 스님의 인사를 받는 모습.
왼쪽 혜성 스님, 가운데 이근우 청담문화센터 원장. 2015년 10월 16일.

청담중고에서 열린 불교교육연합회 지정 제45회 교학연구발표회에서
동국대 이사장 일면 스님과 악수를 나누는 혜성 스님. 2015년 10월 16일.

선을 짓게 하는 것도 마음이며 악을 짓게 하는 것도 마음입니다.
성현의 지위에 오르게 하는 것도 마음이며
죄인이 되게 하여 목숨을 잃게 하는 것도 마음입니다.

'일체유심조' 에서

우리말로 마음이라고 하는 것은 무엇을 생각할 수 있는 '살아 있다'는 뜻입니다.
바꾸어 말하면 심즉시불(心卽是佛),
즉 마음이 곧 부처님임을 가리킨 말입니다.

〈신아일보〉 '정신의 양식'에서 1974년 1월 29일.

평택 청담중학교 전경.

2015년 6월.

평택 청담고등학교 전경.

2015년 6월.

평택 청담고등학교 정보통신관.

2015년 6월.

평택 청담고등학교와 정보통신관 전경.

2015년 6월.

평택 청담학원 청담문화센터 전경.

2015년 6월.

평택 청담고 교장실에서 이사 도호 스님(호국지장사 주지)과 환담을 나누는 혜성 스님. 2016년 2월.

청담고 교장실에서 학교 관계자들과 차담을 나누는 모습. 왼쪽 첫 번째부터 유종석 실장, 유원석 청담중 교장,
정길장 전 교장, 혜성 스님, 이사 도호 스님, 방남수 청담고 교장. 2016년 2월.

청담고 교장실에서 혜성 스님. 2016년 2월.

청담중고등학교 졸업식에서 치사를 하는 혜성 스님.

2016년 2월.

청담중고 졸업식에서 치사를 하는 혜성 스님.

왼쪽은 도호 스님, 유종석 청담고 행정실장과 백미나 교법사도 있다. 2016년 2월.

혜성 스님의 치사를 청담중고 학생들이 경청하고 있다

2016년 2월.

청담중고 졸업식. 왼쪽부터 이근우 청담문화센터원장. 호국지장사 주지 도호 스님, 혜성 스님.
2016년 2월.

청담중고등학교 졸업식에서 불교의례를 하는 혜성 스님.

2016년 2월.

청담중고 졸업식에서 혜성 스님이 학생들에게 표창장을 수여하고 있다.
2016년 2월.

청담중고등학교 졸업식 전경. 단상에 혜성 스님과 도호 스님이 앉아 있다.
2016년 2월.

청담중고등학교를 방문한 혜성 스님이 학생들과 대화를 나누고 있다.

2015년 6월.

청담중고 학생들과 기념촬영. 2015년 6월.

"중앙승가대 발전 기틀 조성"

전 조계종 중앙종회 의장 지하 스님

"혜성 스님 화갑 문집 〈이 마음에 광명을〉을 발간한게 엊그제 같은데, 어느새 20년이란 세월이 흘러 산수(傘壽) 기념 책자를 만든다니 감회가 남다릅니다." 전 조계종 중앙종회 의장 지하 스님은 "청담 큰스님께서 조계종 총무원장으로 계실 때 함께 보필한 인연이 있는 혜성 스님은 선배가 되는 분"이라면서 "지극한 정성으로 은사 스님을 시봉하던 혜성 스님 모습이 지금에 눈에 잡힐 듯 또렷하다"고 회고했다.

이어 지하 스님은 "청담 큰스님은 지금의 한국불교를 가능하도록 주춧돌을 놓은 선지식"이라면서 "은사 스님을 가까이서 시봉한 혜성 스님의 공이 크다고 하지 않을 수 없다"고 강조했다.

지하 스님은 "화갑 문집을 낼 때 하서(賀序)에서도 '부처님을 시봉하셨던 아난존자를 연상케 하는 사제지간(師弟之間)의 모습을 우리들에게 보여주셨던 스님이 바로 혜성 스님'이라고 했다"면서 "청담 스님께서 큰일을 하실 수 있었던 여러 가지 배경 가운데 하나는 극진히 시봉한 혜성 스님이 있었기 때문"이라고 전했다.

6년간 중앙승가대 학장으로 봉직하며 승가교육의 요람을 만들기 위해 헌신한 혜성 스님의 공로를 지하 스님은 높이 평했다. 4년제 학력 각종 학교 인가, 중앙승가대 운동장 확장, 김포학사 부지 5만평 마련 등 현대적인 승가교육의 터전을 만들었다는 것이다. 지하 스님은 "이밖에도 정진관 건립, 자비관 증축, 전산원 개원, 복지관 수탁 등 학교 발전을 위해 크게 기여했다"면서 "지금의 중앙승가대를 가능하게 한 기틀이 혜성 스님이 학장으로 봉직할 당시에 조성됐다"고 강조했다.

지하 스님은 "그같은 일이 가능했던 것은 혜성 스님의 애종심(愛宗心)과 애교심(愛校心)이 있었기 때문"이라면서 "학교 일이라면 밤낮을 가리지 않고 혼신을 다하던 모습이 눈에 선하다"고 말했다. 또한 누구보다 검소했던 혜성 스님이었기에 대작불사(大作佛事)가 가능했다고 덧붙였다. 지하 스님은 "생활 자체가 검소하고 절약하는 정신이 몸에 배어 있었다"면서 "그러한 정신이 학교 운영에 있어서도 알게 모르게 투영됐다"고 밝혔다. "혜성 스님하면 검정고무신이 떠오릅니다. 도선사라는 대찰(大刹)의 주지를 지내고, 중앙승가대 학장이라는 승가교육의 책임을 맡고 있으면서도 삼보정재를 함부로 쓰지 않고, 아끼고 아꼈습니다." 중앙승가대 총장을 역임한 지하 스님은 "혜성 스님의 뜻을 잘 계승하여, 승가교육이 더욱 빛을 발하기를 기원한다"면서 "어른 스님과 선배들이 뿌려 놓은 씨앗이 싹을 틔우고, 꽃을 피우길 바란다"고 기원했다.

지하 스님은 "청담 큰스님의 뜻을 계승한 혜성 스님의 가르침을 문도들은 물론 불자들이 잘 이어가야 할 것"이라면서 "예전에 비해 물질적으로, 경제적으로 풍요로워지기는 했지만, 어른들의 가르침은 더욱 많은 교훈을 준다"고 밝혔다.

지하 스님은 "출가자가 세월이 흘러가는 것에 일희일비(一喜一悲)해서는 안되지만, 물처럼 바람처럼 지나간 시간을 돌아보면 만감이 교차한다"면서 "인연이 오래 되었지만, 늘 따뜻하고 친절하게 대해주는 혜성 스님이 세수 80을 맞이한다고 하니 더욱 그렇다"고 말했다.

"육영사업 공통 관심, 인연 각별"

김맹석 영동대학교 설립자

"불교를 떠나 인간적으로 형제와 같은 스님입니다." 김맹석 영동대 설립자는 혜성 스님과 세상 나이로 동갑이며, 육영사업(育英事業)이라는 공통 관심사가 있기에 각별한 인연을 수십 년 이어오고 있다. 김맹석 영동대 설립자는 충북 증평 형석중고등학교를 세울 당시 혜성 스님과 나눈 대화를 소개했다. 학교 설립에 앞서 혜성 스님을 만나 상의했다. "스님, 저도 학교를 하나 하려고 합니다." "그래요, 나는 12부 장관(長官)을 다 알면서도 청담학교 하는 게 어렵던데, 보살님이 어떻게 하려고 합니까?" "스님, 저는 쉬우면 안하려고 합니다." "보살님 마음이 그렇다면 막지 못하겠군요. 뜻을 펴 보세요." 그 후에 혜성 스님은 형석학원 이사가 되어 김맹석 설립자의 든든한 후원군이 되었고, 영동대 이사까지 맡아 육영사업의 성공적인 진행에 힘을 보태고 있다.

"혜성 스님하고 인연이 된지 벌써 반백년이란 세월이 흘렀다"고 회고한 김맹석 설립자는 "그 오랜 시간 스님을 만났지만, 단 한 차례도 시주를 하라거나, 누구를 부탁하는 등, 단 한 번도 요구한 적이 없다"면서 "그저 제가 학교를 하는 것을 대견하고 자랑스러워 하셨다"고 고마움을 전했다. "여비를 드려도, 학교 하는데 얼마나 어려운데 라고 하시면서 받지 않으셨습니다."

김맹석 설립자는 혜성 스님을 떠올리면 눈물이 나온다고 했다. 그것은 1980년 10·27 법난으로 스님이 억울한 누명을 쓰고, 말 못할 고초를 겪었기 때문이다. "나오셨다는 이야기를 듣고 병원으로 달려갔는데, 도저히 눈 뜨고 볼 수 없었습니다. 마치 동기간이 시련을 당한 것 같은 마음에 소리 내어 울 수밖에 없었습니다."

이후 혜성 스님은 보름 정도 청주로 내려와 과수원(지금의 영동대 기술지원센터)에서 요양을 했다. 김맹석 설립자는 "지금도 그때의 일을 이야기하면 마음이 아프다"면서 "스님이 큰일을 더 하실 수 있었는데, 세상을 잘못 만나 뜻을 다 펴시지 못해 안타깝다"고 말했다.

김맹석 설립자의 아호(雅號) 심우당(尋牛堂)은 혜성 스님이 직접 지어 주었다. 영동대 설립 무렵이니, 20여 년이 넘는 세월이 흘렀다. 불가(佛家)의 선종(禪宗)에서 마음자리 찾는 것을 심우(尋牛)라고 한다. 그 가르침을 담은 대표적인 선화(禪畵)가 심우도(尋牛圖)이다. 교육사업과 인재양성의 외길을 묵묵히 걷고 있는 김맹석 설립자의 삶을 '심우당'이라는 아호에 담은 것이다. 영동대 본관 이름이 심우관(尋牛館)이며, 김 설립자가 세운 장학재단 명칭도 심우당문화재단이다.

산수(傘壽)을 맞이한 혜성 스님에 대해 김맹석 설립자는 "스님도 그렇고, 저고 그렇고, 그동안 옆도 뒤도 돌아보지 않고 오직 학교만 생각하며 앞으로 달려와 80이란 나이가 되었다"면서 "스님의 따뜻한 마음과 가르침이 세상 사람들에게 조금이라도 더 잘 전해지길 바란다"고 말했다.

"행동으로 보여주는 거목"

채훈관 영동대학교 총장

"이사회에 단 한 번도 빠지지 않으셨습니다. 휠체어를 타고라도 이사회에 참석하는 모습에 감동하였습니다." 채훈관 영동대학교 총장은 혜성 스님에 대해 "스님이 맡은 일에 대해서는 꼭 해내는 분"이라면서 "말이 아닌 몸과 행동으로 직접 실천을 보여주는 거목(巨木)"이라고 강조했다.

채훈관 총장이 혜성 스님과 처음 인연을 맺은 것은 중학생 시절이던 1970년대 중반, 원명 스님을 통해서다. "도선사에서 스님을 만났는데, 저는 그때 너무 어리고, 스님은 도선사 주지로 계셔서 굉장히 높게 느껴졌지요. 그 후로 지금까지 40여년이란 세월을 이어오고 있으니, 스님과 인연이 지중(至重)한 것 같습니다."

채훈관 총장은 "청담 큰스님의 만상좌라는 사실만 보더라도 혜성 스님은 수행과 정진을 제대로 하신 분이라 생각한다"면서 "우리 같은 사람이 평가할 수는 없지만, 훌륭하신 스님으로 존경한다"고 말했다. "청담 큰스님에게 인정받은 자체가 불법(佛法)을 진실하게 배우신 증거라고 할 수 있지요. 법(法)을 전하는데 호락호락하지 않고 엄격했던 어른의 가르침을 이어받았으니, 혜성 스님의 공부 깊이를 짐작할 수 있는 것 아닌가요."

채훈관 총장은 혜성 스님에 대해 "학구열이 크신 스님으로 교육에 관심이 많다"고 전했다. "평택 청담중고등학교를 설립하여 잘 운영하시고, 영동대 이사 직을 맡아 22년간 단 한 번도 빠지지 않으실 정도로 교육에 대한 열정이 대단하신 스님입니다."

이어 채훈관 총장은 "영동대 이사장실에는 혜성 스님께서 직접 써 주신 글을 액자에 담아 걸어 놓았

다"면서 "그 내용은 '慈悲喜捨(자비희사)'로, 중생을 자비롭게 여기는 네 가지 마음을 글로 표현한 것"이라고 말했다. "더불어 사랑하는 자(慈), 함께 슬퍼하는 비(悲), 같이 기뻐하는 희(喜), 모두를 평등하게 대하는 사(捨) 등의 사무량심(四無量心)은 학교 관계자들이 지녀야할 마음을 상징적으로 보여주는 가르침으로 삼고 있습니다."

팔순을 맞이한 혜성 스님에게 채훈관 총장은 "건강을 회복하여 많은 대중에게 불교의 향기를 전해 주시길 바란다"면서 "학교 발전과 학생들을 위해 관심을 가져주시어 늘 감사한 마음"이라고 전했다.

경제개발과 사회복지문제를 동시에 해방함으로써 사회계층이 모두 만족을 느끼는 상태로
인간 생활을 이끄는 것이 불국정토 건설의 지름길이 된다고 생각할 때 우리는 무엇보다도
사회집단의 가장 모범적 형태인 사찰의 이상적 존재형식과 그 운영의 가장 합리적, 효율적 방법을
먼저 규명할 필요가 있는 것이다.

혜성 스님 논문 '사찰관리론' 에서

제6부

자비원력

慈悲願力

중생과 더불어
깨달음 나누어야...

자비원력 慈悲願力

"말로만 자비를 외치지 않고, 실제 행동으로 불교의 자비를 실천수행하는 참다운 보살행을 실현해야 합니다. 산사(山寺)에서 피나는 눈물겨운 고행수도를 하여 깨달음을 얻어 다시 중생 속으로 들어와서 함께 더불어 깨달음을 나누며 올바른 인생길을 개척하는 데 큰 보람을 느끼게 함이 우리 불교복지의 참뜻이라고 생각합니다." 1995년 7월 청담종합사회복지관 개관식에서 혜성 스님은 이같이 강조했다.

불교의 대사회 활동에 관심이 컸던 스님은 1976년 김기용 보살이 운영하던 보육원을 인수하여 자비보살행의 씨앗을 뿌렸다. 그해 사회복지법인 혜명복지원(보육원)으로 개편해 삼각산 도선사가 운영하도록 했으며, 스님은 이사장에 취임했다. 1978년에는 혜명복지원 부설로 불교양로원을 허가받아 골조공사를 완료하여 어린이, 청소년뿐 아니라 어르신들이 편안히 쉴 수 있는 공간을 만들었다. 복지에 대한 불교계의 관심이 사실상 전무(全無)하고, 국가나 사회에서도 복지 정책을 수립하지 않았던 시절로 스님의 선구자적인 혜안(慧眼)과 의지가 없었으면 불가능한 일이었다.

1990년대 중앙승가대 학장 시절, 삼전종합사회복지관과 어린이집을 수탁한 것도 사회복지의 중요성을 예견한 스님의 판단이 작용했다. 스님은 특히 어린이에 대한 관심이 커서 보람어린이집, 명성어린이집, 마장어린이집, 성수어린이집, 파랑새어린이집, 홍제어린이집, 성북어린이집, 신당어린이집, 노량진어린이집, 청담어린이집 등을 위탁받아 모범적으로 운영했다. 1992년 3월 보람어린이집 입학식에서 혜성 스님은 "학부모 여러분의 귀한 자녀를 믿고 맡기는 귀중한 날에 이같은 좋은 인연을 맺게 된 것은 결코 우연이 아니라 전생에 지은 인연에 의해 맺어진 금생의 필연"이라면서 "티 없이 맑고 깨끗한 어린이를 가르치기도 하지만, 어린이들에게 배울 것이 많다는 것을 느끼고 배워야 한다"고 당부했다.

서울시 금천구 탑골로 35에 자리한 혜명아동복지종합타운은 불교의 자비사상에 입각한 육바라밀에 의해 건전한 인격과 건강한 신체로 아동을 성장 발달시키는 것을 목표로 하고 있다. 1971년 재단법인 혜명복지원에서 사회복지법인 혜명복지원으로 법인 성격을 전환했다. 1976년 1월 설립자 김기용 보살에게 혜명복지원 및 시설 운영권을 이양받은 혜성 스님은 인수절차를 밟아 그해 5월부터 도선사에서 관장하도록 했다. 스님은 혜명복지원 이사장을 맡아 어린이와 청소년들이 불편없이 꿈을 키워갈 수 있도록 했다. 혜성 스님은 2003년 혜명복지원에 청담 스님과 김기용 보살의 흉상을 건립해 유지·계승을 재다짐했다.

아동복지종합타운은 아동복지시설(보육원, 원장 이무성·혜명지역아동복지센터장)과 지역아동복지센터의 기능을 동시에 수행하는 기관이다. 보육원이라는 시설 명칭으로 인한 지역 사회와의 심리적 거리를 줄이고, 아동복지종합타운을 통해 지역의 모든 아동들의 욕구를 충족시켜주는 역할을 수행한다. 양질의 서비스와 프로그램을 개발하여 아동들이 노력, 성실, 끈기로써 훌륭한 사회인, 한국인, 세계인이 될 수 있도록 지원하고 있다.

사회복지에 관심이 남다른 혜성 스님은 1992년 국립사회복지연수원에서 열린 특별연수과정을 수료해 사회복지사 1급 자격을 취득했다. 1995년 7월에는 사회복지법인 혜명복지원 부설 청담종합사회복지관을 개관해 관장으로 취임했다. 이듬해에는 1973년 문을 연 불교사회문제연구소를 청담사회복지연구원으로 확대 개편하여 연구원장으로 부임했다. 청담종합사회복지관 개관 당시 스님은 "항상 대문을 개방하고 여러분을 기쁘게 환영할 것이며, 이 복지관이야말로 우리집과 같이 생각하고 이곳에서 인연지어 살아가는 여러분이 곧 주인" 이라고 격려했다. 서울시 금천구 금하로29길 36(시흥2동 241-7)에 자리한 청담종합사회복지관(관장 유영학)은 지역사회보호, 교육문화, 노인사회활동지원, 치료바우처, 장기요양, 노인돌봄종합서비스 등 다양한 복지사업으로 모범적인 운영을 하고 있다. 이와 함께 청담노인대학, 금천푸드마켓 · 뱅크, 지장 · 관음의 집, 청담 광명의 집 등을 통해 지역 사회와 주민들에게 자비를 실천하고 있다.

사회복지법인 혜명복지원은 이밖에도 금천지역자활센터, 청락원, 청담노인복지센터 등 부설기관을 운영하며 종합복지서비스를 제공하기 위해 배전의 노력을 기울이고 있다. 현재 이사장은 도선사 주지

도시 스님으로 부처님의 지혜와 청담 스님의 자비사상을 구현하기 위해 최선을 다하고 있다.

청담종합사회복지관 명예관장인 혜성 스님은 "세월은 무상히도 흘러 복지관을 개관한지 20년이 지나 갔고, 저도 정년이 되어 복지관 소임을 놓고 뒤에서 응원을 하게 되었다" 면서 "남의 일을 나의 일로 알고 서로 이해하며 마음의 문을 열고 상담과 진실한 대화를 통해 참다운 이해를 실천할 수 있으며 그로 인한 올바른 복지사업이 실현 될 수 있으리라 생각한다"고 당부했다.

모든 중생을 어여삐 여기는 불교의 자비사상을 산중에만 머물게 하지 않고, 사바세계에 고루 나투어 행복한 세상을 꿈꾸는 혜성 스님의 원력은 지금도 도선사 대중과 복지시설 종사자들을 통해 이어지고 있다.

곧 부처의 마음과 중생의 마음입니다.

그러나 이 마음은 맑은 마음과 물든 마음, 두 가지이면서도 두 가지가 아니라 한 가지입니다.

맑은 마음이 물들면 물든 마음이 되고, 물든 마음이 맑아지면 맑은 마음이 되기 때문입니다.

'일체유심조' 에서

청담어린이집 졸업식에서 어린이들을 격려하는 혜성 스님.

水災의연금·이웃돕기성금 기탁
불교 조계종, 193萬여원 本社에

대한불교조계종사회부장 李惺스님이
李桓儀본사사장에게 수재의연금과 불우
이웃돕기 성금을 전달하고있다.

대한불교 조계종(종정 李西翁)은 수재의연금 1백39만 6천원과 불우이웃돕기성금 53만 8천원을 17일 문화방송 경향신문에 기탁했다.

조계종 사회부장 혜성 스님이 종단에서 모금한 수재의연금을
경향신문 이환희 사장에게 기탁한 내용을 보도한 〈경향신문〉 기사. 1977년 8월 18일

김기용 보살에게 보육원을 기증 받은 혜성 스님이 관계자들과 서울시 시흥동의 이전 부지를 살펴보고 있다.
오른쪽에서 세 번째 혜성 스님.

서울신도회로부터 식탁과의자를
기증받은 혜명보육원 원아들。

宗教

保育院에 食卓기증
조계종信徒會에서

2백개를 마련, 惠明保育院(서울영등포구시흥동·원장 김기용)에 23일 기증했다.

惠明保育院은 道詵寺에서 경영하는 불교계의 유일한고아원으로 고아 2백여명이 수용돼있다。이날기증식에는 秦豊明 李

대한불교조계종 서울신도회(이사장 洪福元)는 23일 부처님이 오신날전야제때 모금된 慈善金 20만원으로 食卓10개 의자

蕙惺스님을 비롯 서울신도회회장단이 참석했다。

도선사가 운영하는 혜명보육원에 필요한 각종 물품을 조계종 서울신도회가 기증했다는 내용의
1973년 5월 24일자 〈경향신문〉 보도. 맨 앞에 혜성 스님 뒷모습이 보인다.

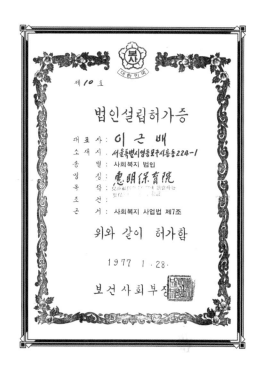

사회복지법인 혜명복지원 법인설립 허가증. 1977년 1월 28일.

국립사회복지연수원 수료증. 1993년 2월 27일.

중앙승가대 부설 삼전종합사회복지관 개관식.

왼쪽에서 여섯 번째 혜성 스님, 일곱 번째 석주 스님, 아홉 번째 현성 스님. 1991년 8월.

사회복지법인 혜명복지원 산하 청담종합사회복지관 개관식에서 인사말을 하는 혜성 스님.
1995년 7월 20일.

복전(福田)이란 개념은 나로 하여금 복을 짓도록 만든 대상,
즉 복지의 수혜자에게 감사를 표하는 사회윤리로까지 발전하게 된다.
그 결과 불교복지활동은 사회적 강제나 강요에 의한 행위가 아니라
불성에 따른 자발적인 행위로 규정된다.

논문 '불교사회복지의 정당성' 에서

현충일을 맞아 신도들과 함께 국립현충원을 참배하는 모습. 앞줄 가운데 혜성 스님. 1994년 6월.

서울시 성동구 마장어린이집 증축 기념식. 왼쪽 다섯 번째 혜성 스님.
1995년 4월 12일.

서울 종로 이화예식장에서 재가제자인 방남수 거사(청담고 교장)의 결혼식 주례를 보는 혜성 스님. 1983년 4월.

신도의 결혼식 주례를 마치고 신부와 함께. 왼쪽 혜성 스님. 1992년.

도선사 주최로 우이동 유원지에서 열린 '도봉구 경노위안 잔치'에서 인사말을 하는 혜성 스님.
1993년 5월 7일.

청담종합사회복지관. 2016년 4월.

혜성 스님이 명예관장으로 있는 서울 금천구 시흥동 청담종합사회복지관.

사회복지법인 혜명복지원 사무국 직원들과 함께 한 혜성 스님.
2016년 4월.

청담종합사회복지관을 방문한 혜성 스님이 유영학 관장, 정동수 국장 등 직원들과 환담을 나누고.
가운데 혜성 스님. 2016년 4월.

청담종합사회복지관을 찾은 혜성 스님이 복지관을 이용하는 할머니들을 격려하고 있다.
2016년 4월.

서울시 금천구에 있는 혜명보육원을 방문한 혜성 스님이 어린이와 교사들을 격려하는 모습.
왼쪽 끝 혜성 스님. 2016년 4월.

청담어린이집을 방문한 혜성 스님을 맞이하며 어린이들이 반갑게 합장하고 있다.
2016년 4월.

어린이들에게 일일이 용돈을 나눠주는 혜성 스님.
2016년 4월.

서울시 금천구에 있는 청담어린이집 전경.

2016년 4월.

사회복지법인 혜명복지원 산하의 금천지역자활센터를 방문한 혜성 스님이
이정일 센터장 비롯한 직원들을 격려한 후 기념 촬영. 2016년 4월

청담종합사회복지관에서 어려운 이웃들을 위해 운영하는 금천푸드마켓 앞에서 직원들과 함께.
2016년 4월.

사회복지법인 혜명복지원에서 운영하는 혜명양로원 전경.

혜명아동복지종합타운 전경. 왼쪽은 혜명아동복지관. 오른쪽은 혜명복지원.

혜명지역아동복지센터(혜명보육원)을 방문한 혜성 스님이
이무성 원장 등 직원및 어린이들과 함께 손을 흔들고 있다.
2016년 4월

"어려운 이웃 위한 자비행 귀감"

사단법인 생명나눔실천본부 이사장 일면 스님

먼저 산수(傘壽)를 맞이하신 혜성 대종사께 감축인사를 드리며 이렇게 건강하게 변함없이 자비보살행을 펼치시는 큰스님께 후학들을 대신해서 감사를 올립니다.

스님은 한국불교계 자비보살행의 선구자라고 칭해도 과언이 아닌 분입니다. 지금이야 사회복지 나눔 활동이 활발하지만 불과 20여년전 만 해도 그렇지 못했습니다. 스님께서는 우리가 아직 복지라는데 눈을 뜨지도 못하던 1970년대에 이미 혜명복지원과 양로원을 운영하며 가난하고 보살핌을 받지 못하는 아이들을 거두고 어르신들을 봉양했습니다.

1980년대 초에 혜명복지원과 혜명양로원을 방문했을 때, 아직도 또렷이 기억하는 것은 어린이와 할머니들을 따뜻하게 대해주던 모습입니다. 지팡이에 의지해 발걸음을 간신히 옮기던 어르신들을 화장실까지 안내하고, 공양 시간에는 수저를 들고 직접 떠주는 스님을 대하고 정말 이 시대의 참 보살이 여기에 계셨구나 하고 감명을 받았습니다.

당시 스님께서는 10·27 법난으로 억울하게 신군부에 끌려가 큰 고초를 겪고 나와 몸과 마음이 지치고 당신 몸도 제대로 가누지 못할 때인데도 불구하고 자비보살행을 실천하셨으니, 큰 스님이야말로 온갖 모욕과 박해에도 흔들리지 않고 경계에 끄달리지 않는 인욕(忍辱)보살이요, 말이 아닌 행(行)으로써 어리석은 중생들을 일깨우는 상불경보살이라 할 것입니다.

이는 모두 은사이신 청담 대종사를 오랫동안 모시면서 배운 가르침 덕분이 아닌가 생각합니다. 청담 대종사께서는 청정 비구 승단, 보살도를 실천하는 대승종단의 기틀을 세우고 승려들의 계율을 확립하

고 종풍을 진작할 제도와 법령을 정비하신 한국불교의 호법신장이시며, 갖은 고난과 질시와 공격에도 흔들리지 않는 인욕보살이셨으며, 정법을 펼치는데는 추호의 흔들림도 일체의 타협도 없었지만 바다보다 깊고 하늘보다 넓은 자비심을 보이신 불보살의 화신이셨으니 그 덕화가 그대로 상좌이신 혜성 스님께 전해진 듯 합니다.

스승을 모시는 상좌로서, 종단 운영을 책임진 대표자를 모시는 시자로서 한 치의 어긋남도 없이, 자신의 몸보다 더 극진히 스승을 모신 스님 덕분에 불교정화운동도 잘 마무리되고 종단도 발전하게 되었으니 아마 청담 큰스님과 혜성 스님은 수 없는 겁에 걸친 전생의 인연이 함께 했던 듯합니다.

저는 젊을 적 청담 대종사를 뵙고 감화를 받아 부처님과 조사님들의 은혜를 입은 조계종도로서 가야할 길을 정립하고 그 뒤로는 혜성 스님의 자비보살행을 접하고 어려운 사람들을 위한 자비행을 본받았으니 저 역시 두 분 종사님과 넓고 큰 불연(佛緣)을 맺는 홍복(洪福)을 입었다 자부합니다.

초대 군종교구장으로 재직하면서는 청담 대종사와 혜성 스님이 우리 군포교사에 남긴 발자취가 헤아릴 수 없이 많은 것을 보고 막중한 책임을 느꼈습니다. 국방부 호국원광사, 박대통령의 자취가 남아있는 공군 보라매법당, 대종사께서 마지막 발걸음을 하셨던 원주 법웅사 등 큰스님의 손길이 닿은 군법당을 보며 군포교 원력을 다지고 힘을 얻었습니다.

스님 역시 떡 과일 등을 장병들에게 전하고, 군법당 불사를 지원하는 등 군포교 지원을 아끼지 않았으니 군종특별교구를 중심으로 군포교가 일선에서부터 활기를 띠는 것은 모두 스님을 비롯한 많은 분들이 뿌려놓은 씨앗 덕분입니다.

스님께서는 인재불사에도 오래전부터 심혈을 기울여 괄목할 성과를 만드셨음을 동국대 이사장으로 있던 2015년 가을 교학발표회가 열린 청담중고등학교를 방문하여 직접 눈으로 확인하고 몸으로 체험한 바 있습니다. 교실과 운동장의 풀 한포기, 나무 한그루에도 스님의 정성이 담기지 않는 곳이 없을 정도로 스님께서 인재 양성에 얼마나 많은 정성을 기울였는지를 보고 배울 수 있었습니다.

해인사 강원에서 공부할 당시 청담 큰스님을 정성을 다해 시봉하는 스님을 뵌 적이 엊그제 같고 동국대 종비생 시절과 석림회 모임에서 늘 격려하고 다정하게 대해주시던 따스한 손길의 여운이 아직 남아있는데 어느 듯 산수(傘壽)를 맞이하셨다니 사부대중과 더불어 축하의 인사를 올립니다. 선배스님으로서 늘 존경해마지 않는 혜성 큰스님, 청담 대종사의 후예로서 한국불교를 위해 더 많은 역할을 해주시고 후학들을 지도해 주시기를 기원 드립니다.

자비로운 마음으로 남을 사랑하고 도와주는 마음으로 살아가야 할 길입니다.
모든 욕망을 물리치고 겸손한 마음으로 살아야 합니다.

혜성 스님의 '일체유심조' 글에서

자비의 그늘에 우리의 마음을 두고,
지혜의 햇살로 이 고해(苦海)를 극락으로 바꾸지 않으면 인생의 보람은 없다.
육신이 '참나'는 아니며, 마음 그것이 곧 참된 인생길을 닦는 근본 바탕이다.

혜성 스님의 '이 마음에 광명을' 머리말. 1978년 2월

보살사상은 자비사상에서 한걸음 더 나아가 특히 복지활동
그 자체를 수행 및 깨달음의 개념으로 이해하고 있는 바,
이는 복지 실천에 있어서 매우 중요한 의미를 지니는 사상적 발전이다.

논문 '불교사회복지의 정당성' 에서

제7부

보현행원

普賢行願

진리의 꽃다발
세간에 뿌리며

보현행원 普賢行願

대한민국이 농업사회에서 산업사회로 진입한 1970년대 초. 도선사 주지 소임을 보고 있던 혜성 스님은 '불교사회문제연구소'를 설립한다. 1973년 2월이다. 현대사회에서 불교의 사회성을 구현하기 하면서 현실의 부조리를 개선하기 위한 시대를 앞서간 시도였다. 그해 2월 27일자 〈동아일보〉아의 인터뷰에서 혜성 스님은 '오늘날의 불교 병리(病理)'에 대해 "개인의 수양이란 신앙의 단일성과 다양한 현대사상과의 부조화(不調和)"라고 진단하고 "불교 윤리관의 실현을 위한 정책적 자료를 제공하고 안으로는 현실과 괴리(乖離)된 불교내의 모순을 개선(改善) 광정(匡正, 잘못된 것을 바로잡아 고침)하기 위해서"라고 설립 취지를 설명했다. 연구소에는 김두헌 박사를 비롯해 학계, 종교계, 법조계, 언론계 인사 등 30여 명이 참여했다. 스님은 불교사회문제연구소 소장 직책을 맡았다. 사무실은 서울시 중구 을지로 3가 286에 마련했고, 이후 다양한 주제의 세미나 등을 통해 불교의 대사회적 활동의 외연을 넓혔다. 같은 해 5월 근로자의 복지향상을 위한 연구기관인 '불교노동복지회'를 결성했다. 우리나라 최초의 지하철 공사가 벌어지는 현장을 방문해 연등법회를 갖는 등 당시로는 매우 이례적으로 노동자 포교에 나섰다.

혜성 스님은 1973년 12월 불교사회문제연구소장 자격으로 〈불교설화문학전집(佛教說話文學全集)〉을 발간했다. 당시 일간지에 실린 광고에는 이러한 홍보문구가 곁들여져 있었다. "부처님께서는 왜 대설산(大雪山)에서 고행(苦行)을 하셨는가! 인생의 갖은 고뇌(苦惱)를 해탈하기 위해, 그리고 진리(眞理)의 꽃다발을 인생(人生)의 대도(大道)에 한 없이 뿌려주기 위하여… 그는 외롭고 고통스런 길을 걸었다."

그뒤로 불교사회문제연구소는 1974년 4월 '불교전래 1600년과 한국불교의 좌표'로 '불교 대심포지움'을 개최한데 이어, 그해 11월에는 '불교문화재보호정책의 새로운 방향'을 주제로 세미나를, 1975년 11월에는 '호국사상과 한국불교'라는 제하의 토론회를 실시하며 교단 안팎의 주목을 받았다. 스님은 1996년 불교사회문제연구소를 청담사회복지연구원으로 개편하여 불교의 가르침이 우리 사회의 변화와 발전, 그리고 어려운 이웃과 국민의 행복을 위해 기여하는 방안을 모색했다.

이밖에도 스님은 사회와 지속적으로 소통하며 부처님의 가르침을 전하는 한편 세태(世態)을 신속히 파악하여 불교와 종단이 정체되지 않도록 끊임없이 노력했다. 1991년 6월 출범한 경제정의실천불교시민연합(경불련)에 참여한 것도 이같은 소신 때문이다. "시대적인 사회고(社會苦)의 해결을 위해 불타(佛陀)의 지혜와 불자들의 실천적 신앙이 요청된다"는 취지로 발족한 경불련에는 전 조계종 총무원장 월주 스님, 인천대 윤세원 교수, 서울·경기지역 사암연합회 사무총장 범산 스님, 정토구현전국승가회 정신 스님, 불자실업인 김옥수 씨 등이 혜성 스님과 함께 준비위원으로 참여했다.

혜성 스님의 시선은 국내에만 머물지 않았다. 해외여행이 자유롭지 못한 시절이었지만, 장차 세계화

시대가 도래할 것을 예견하고 외연을 확장했다. 1970년 일본에서 열린 세계평화촉진 종교지도자대회에 한국대표로 참석한바 있으며, 그해 한국에서 열린 세계불교지도자대회 조직위원회 재정부장으로 해외 인사들과 교류하기 시작한 것이 밑거름이 되었다. 1976년 태국 방콕에서 열린 제1회 세계불교대회 한국대표단장, 부처님 탄생성지 룸비니 개발을 위한 한국위원회 사무총장으로 네팔 방문, 한일불교교류협의회 상임이사, 세계불교도우의회 초청으로 태국 등 남방불교 방문, 야스기리아 종정 초청으로 스리랑타 방문, 네팔 정부 초청으로 불교성지 순례, 서구 문명 발생과 그리스 이집트 순방 등 시야를 넓혔다. 이같은 해외 교류와 방문을 통해 한국불교의 세계화 씨앗을 뿌렸으며, 외국인들에게 불교의 정수를 전했다.

특히 1976년 스리랑카와 한국의 외교 관계 개설에 기여한 공로는 지금까지 외교사의 비화로 전해온다. 당시만 해도 스리랑카는 우리와는 비수교 국가로 사회주의를 지향하며 북한과 친밀한 관계를 유지하고 있었다. 앞서 청담 대종사가 1956년 네팔에서 열린 제4차 세계불교대회에서 스리랑카 아스기리야 종정을 만나면서 친분을 맺었다. 그 인연이 쌓여 양국이 1972년 통상대표부를 설치했지만 정식 국교 수립에 이르지는 못했다. 1976년 스리랑카를 방문한 혜성 스님은 반다라게이르 수상을 만나 양국 국교 수립의 필요성을 강조했다. 일종의 민간 외교 특사 역할을 수행한 것이다.

1973년에는 아스기리야 종정을 도선사로 초청하고, 혜성 스님이 주지로 있던 1975년에는 도선사와 스리랑카 종단이 자매결연을 맺기도 했다. 스리랑카 부처님오신날 봉축행사에 종정 서옹 스님을 모시고 다시 방문하여 아스기리아 종정을 예방하는 등 양국 우호 관계 조성에 노력했다. 당시 비동맹회의 의장국으로 제3세계에서 영향력이 지대한 스리랑카와의 국교 수립은 북한을 견제하여 외교전의 승리를 가늠하는 중요한 국가적 사안이었다. 정부차원의 협상과 더불어 청담, 혜성 스님의 대를 이은 막후에서의 노력으로 1977년 11월 14일 한국과 스리랑카는 정식으로 국교를 수립하는 결실을 맺었다.

혜성 스님은 스리랑카 대통령을 예방한 것은 물론 국립 프리베리나 대학에서 명예문학박사학위를 받았다. 또한 한국-스리랑카협회 초대 회장으로 추대되는 등 양국 관계 정상화와 우호 증진에 기여한 '민간 외교관 역할'을 톡톡히 수행했다. 이같은 인연으로 1970년대 박대통령배(일명 박스컵) 국제축구대회에 참여하기 위해 내한하는 스리랑카 선수단은 도선사를 참배하고 따뜻한 환영을 받았다. 도선사 신도들은 동대문운동장에서 열리는 스리랑카 선수들의 경기를 응원했다. 1980년대 이후 끊겼던 인연은 혜자 스님이 도선사 주지로 있던 2004년 아스기리야 종정 라사나마파 스님을 초청하면서 이어졌다.

이처럼 국내외에서 불교의 대사회적 활동을 활발하게 펼친 혜성 스님은 베트남전 파병 장병 위문, 미국 버클리대 초청 방문, 네팔 정부 초청 방문, 청담학원·일본 후지(富士)학원 자매 결연, 중앙승가대·교토(京都)불교대학 자매결연 등 다양한 영역에서 한국불교와 세계의 소통을 이루어냈다.

민족의 영산 백두산 천지에서 민족의 평화통일을 간절하게
발원하는 혜성 스님. 1993년 가을.

스리랑카 방문 당시 현지 사찰에서 스님들과 인사를 나누는 혜성 스님(오른쪽에서 두 번째), 첫 번째 박중관 교수.

태국 방콕에서 열린 세계불교도우의회(WFB)에서 왓벤자 사원 주지 스님과.
왼쪽 선래 스님, 오른쪽 혜성 스님. 1976년 2월.

마음의 눈만 뜨면 온 우주의 모든 법, 모든 문제를 다 알 수 있는 이 마음.

'일체유심조' 에서

태국 방콕에서 열린 세계불교도우의회(WFB) 한국불교 대표단. 왼쪽부터 철인 스님, 혜성 스님, 선래 스님.
1976년 2월

태국 방콕에서 열린 세계불교도우의회(WFB)에서 대만불교 대표 불광산사의 성운 스님과 함께.

왼쪽부터 혜성 스님, 성운 스님, 선래 스님. 1976년 2월 20일.

태국승가대학을 방문해 대중과 함께 공양을 하는 한국 스님들.
왼쪽에서 세 번째 혜성 스님, 오른쪽 첫 번째 선래 스님. 1976년 2월

태국 방콕에서 열린 세계불교도우의회(WFB)에서 소련불교 대표단과 함께.

왼쪽 세 번째 박완일 법사, 다섯 번째부터 청하 스님, 철인 스님, 혜성 스님, 선래 스님. 1976년 2월.

태국 방콕에서 열린 세계불교도우의회(WFB)에 참가했다가 왓벤자 큰법당 앞에서.
왼쪽 두 번째부터 철인 스님, 혜성 스님, 선래 스님. 1976년 2월

태국 방콕에서 열린 세계불교도우의회(WFB)에 참석했다가 시내에 있는 사원을 참배하고.
왼쪽부터 박완일 법사, 현호 스님, 선래 스님, 혜성 스님, 철인 스님. 1976년 2월.

태국 방콕에서 열린 세계불교도우의회(WFB)에서 교포 불자들과 함께. 뒤에 보이는 차는 한국불교 대표단이
이용한 차량이다. 왼쪽 첫 번째 혜성 스님, 두 번째 청하 스님, 네 번째 선래 스님, 여섯 번째 철인 스님. 1976년 2월.

모든 것이 다 마음으로 이루어지는 이 마음, 그것을 찾을 일입니다.

'일체유심조' 에서

태국 방콕에서 열린 세계불교도우의회(WFB)에 참석한 한국불교 대표. 왼쪽 혜성 스님, 오른쪽 선래 스님.
1976년 2월 20일.

일본 후지산 영원묘지 앞에서. 오른쪽에서 두 번째 혜성 스님. 청담, 숭산, 녹원 스님 모습도 보인다.

1971년 6월.

일본 사찰을 방문하고. 앞줄 왼쪽 첫 번째 혜성 스님, 세 번째 청담 스님, 오른쪽 첫 번째 녹원 스님,
두 번째 숭산 스님. 1971년 6월 1일.

도선사를 방문한 가톨릭 수녀들과. 왼쪽에서 네 번째 혜성 스님, 다섯 번째 선래 스님.

1975년.

강원도 양양 낙산사 보육원을 방문하고.

세 번째줄 왼쪽 첫 번째 혜성 스님, 세 번째 동암 스님, 네 번째 청담 스님, 다섯 번째 경산 스님. 1964년 6월 20일.

일본 고베시에서. 왼쪽 세 번째부터 청담 스님, 벽안 스님, 녹원 스님, 혜성 스님.

도선사를 방문한 세계불교청년지도자들과 함께.

앞줄 왼쪽 두 번째 현욱 스님, 다섯 번째 혜성 스님, 현성 스님, 선래 스님, 호운 스님.

한국에서 열린 세계불교지도자대회 참석자들의 입국 환영대회. 두 번째 줄 왼쪽 네 번째 혜성 스님.

앞줄 왼쪽 두 번째 영암 스님, 네 번째 월주 스님, 다섯 번째 진경 스님. 1970년 10월

세계불교지도자대회.

뒷줄 혜성 스님. 앞줄 왼쪽 두 번째부터 대만 백성 스님, 베트남 차우 스님, 한국 청담 스님. 1970년 10월.

한국에서 열린 세계불교지도자대회 기념 사진. 세 번째 줄 오른쪽 첫 번째 혜성 스님.
1970년 10월.

세계불교지도자대회에 참석한 내외국인 스님들과 경주 불국사에서.
오른쪽에서 일곱 번째 혜성 스님. 1970년 10월.

은사 청담 스님을 모시고 군부대를 위문한 후 기념촬영. 왼쪽 첫 번째 혜성 스님, 오른쪽 네 번째 청담 스님.

한국에서 열린 세계불교지도자대회 당시 서울시청을 방문하고. 왼쪽에서 두 번째 혜성 스님.
1970년 10월.

한국에서 열린 세계불교지도자 대회 당시 김종필 국무총리의 예방을 받고 악수를 나누는 모습.
왼쪽부터 김종필 총리, 경산 스님, 혜성 스님. 1970년 10월 15일.

세계불교지도자대회 각국 대표들과 경주 불국사를 참배하고.
앞줄 오른쪽 네 번째 혜성 스님, 다섯 번째 월주 스님. 뒷줄 가운데 청담 스님. 1970년 10월.

태국 종정 스님이 한국을 방한했을 당시 김포공항에서 영접하는 모습.
왼쪽 첫 번째 혜성 스님. 1958년 3월.

일본에서 열린 세계연방평화촉진종교자대회 참석시 도쿄 국주회 본부 만찬 초대 기념 사진.

맨 뒷줄 왼쪽 첫 번째 혜성 스님.

일본 고야산에서 환담을 나누는 모습. 왼쪽에서 네 번째 고야산 주지, 다섯 번째 혜성 스님,
여섯 번째 혜명 스님, 일곱 번째 서병재 도선사 신도회장. 1974년 가을.

높이 333미터의 일본 도쿄타워 앞에서. 왼쪽에서 두 번째 혜성 스님.

제12회 세계불교도회의 일본대회에서. 두번째 줄에 한국 스님들이 앉아 있다.
왼쪽부터 명선 스님, 의현 스님, 성수 스님, 혜성 스님, 현성 스님. 1978년 9월.

서울 신라호텔에서 열린 제3회 한일일한불교교류협의회에서.
오른쪽 끝 혜성 스님. 그 옆은 한갑진 한진흥업 회장. 1979년 10월

'한일불교 금후의 방책'이란 주제로 서울 신라호텔에서 열린 제3회 한일일한불교교류협의회에서
참가자들과 함께. 오른쪽에서 두 번째 혜성 스님. 1979년 10월 17일

한일불교교류대회에 참가한 일본 불교대표와 선물을 교환하는 모습. 왼쪽 혜성 스님.
1978년 10월.

서울 힐튼호텔에서 열린 불교방송 개국 축하연에서 강영훈 총리와 담소를 나누는 혜성 스님.
1990년 5월 7일.

대만 고승 백성 스님과 함께. 왼쪽부터 원명 스님, 혜성 스님, 백성 스님.
1978년.

대만 방문시 백성 스님이 '한국 대만 불교교류'에 대한 혜성 스님의 공적을 인정해 공로패를 전달했다.
왼쪽 두 번째부터 원명 스님, 혜성 스님, 백성 스님. 1978년.

李慧惺 스님이 킬티니디 비스타
네팔 수상에게 룸비니 개발성금을
전달하고있다.

혜성 스님이 네팔을 방문해 킬티니티 비스타 수상에게 부처님 탄생지 룸비니 개발성금을 전달했다는
내용의 1978년 5월 19일자 〈경향신문〉 보도. 왼쪽 두 번째 혜성 스님.

부처님 탄생지 룸비니개발 한국위원회 사무총장을 지낸 혜성 스님이 룸비니개발 한국위원회 대표단장으로
네팔을 방문, 킬티니디 비스타 수상에게 성금 5만 달러 전달하고 환담을 나누는 모습. 오른쪽에서 두 번째 혜성 스님.
1978년.

개인에게는 자아(自我)를 완성시키는 일이 더 시급하겠지만
우리는 이 땅에 함께 태어났다는 인연 때문에 이웃 동포를 구제하지 않으면 안 된다.
불교는 이웃 동포의 구제에 더 큰 뜻을 두고 있다고 보는 것이 옳을 것이다.

1972년 11월 〈조선일보〉 '일사일언'

스리랑카 방문시 불상을 기증받는 혜성 스님(왼쪽).

交通公害추방 祈願祭

道詵寺

교통공해추방기원대제가 지난13일상오11시 도선사호국참회원(서울도봉우이동)에서 2천여신도들이 모인가운데 올려졌다. 이날대제는 교통사고희생자천도위령제 무사고안전운행기원제에 이어 교통공해추방계몽강연회도 있었다. 천도위령제에는 1백여교통사고 희생자의 유족들이 명복을 기원했으며 안전운행기원제에서는 도선사신도인모범운전사 1천1백여명에게 안전운행 호신불을 증정했다.

교통공해 추방계몽강연회에서 「마음의 공해」란 주제로 李載悟 불교사회분제연구소장의 강연이 있었다.

도선사 호국참회원에서 2,000여 명이 동참한 가운데 열린 '교통공해추방기원제'를 보도한 〈경향신문〉 기사.
당시 도선사 주지 혜성 스님이 '마음의 공해'란 주제로 강연하고 있다. 1973년 8월 16일자.

일본에서 열린 제12회 세계불교도대회에서 외국 스님들과 차담을 나누는 모습.

한국 스님들 왼쪽 두 번째 성수 스님, 네 번째 혜성 스님, 다섯 번째 의현 스님, 여섯 번째 현성 스님. 1978년 9월.

스리랑카 대통령 등 정부 관계자들과 부처님 진신사리를 친견하는 모습.
오른쪽 첫 번째 혜성 스님. 1976년 6월.

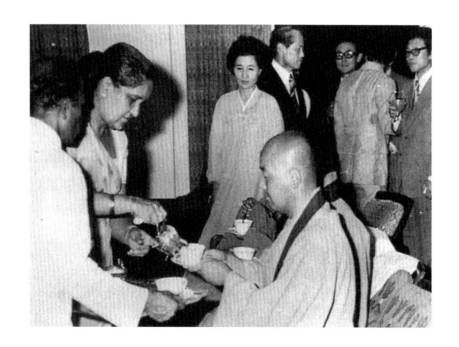

1975년 스리랑카 방문시 총리에게 차공양을 받는 혜성 스님.

1979년 스리랑카 대통령궁 근위사단장과 함께. 왼쪽부터 원명 스님, 사단장, 혜성 스님.

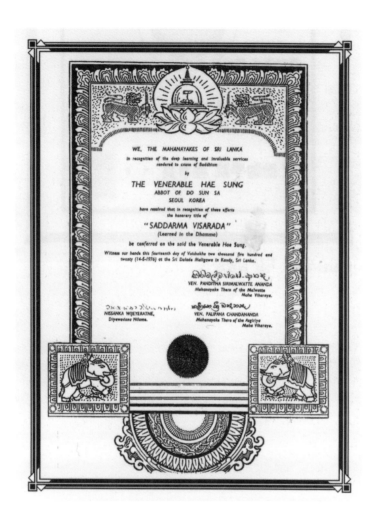

스리랑카 국립 프리베니나 대학에서 받은 명예문학박사 학위증서 복사본.
1976년. 학위증 원본은 1980년 10·27법난 당시 사라졌다.

1976년 스리랑카 총리 예방후 기념 촬영. 앞줄 가운데 혜성 스님.

티벳 승려 링링포체가 한국을 방문했을 때 대중과 함께 한 혜성 스님.
두 번째 줄 왼쪽 두 번째부터 혜성 스님, 링링포체, 정우 스님. 1991년 5월 21일.

생각이 마음 속 깊이 파고 들어 비로소 마음은 평온해지고
그 깊은 곳에서 점점 정신적인 샘이 솟아 나온다는 것을 깨닫게 될 것입니다.
이 때 처음으로 진정한 자신의 모습을 알게 되고 부처님을 알게 될 것입니다.

1973년 5월 2일~ 10월 2일 KBS 방송 '마음의 소리' 에서

한국을 방문한 대만 불교계 지도자들과 국립현충원을 참배.

앞줄 왼쪽부터 혜성 스님, 홍파 스님, 능가 스님.

일제강점기인 제2차 세계대전 당시 강제 징용되었다가 사이판에서 목숨을 잃은 영가들을
천도하는 위령제를 지내고 있다. 오른쪽 끝 혜성 스님. 1979년 7월.

상공부 지정 새마을공장 '합자회사 오병식품' 준공식에서 축사를 하는 혜성 스님.
1980년 8월 8일.

월남전에 참전한 국군 장병 위문시 중간 기착지 미군 기지 근처의 필리핀대학교 약대 앞에서.
왼쪽부터 혜성 스님, 월주 스님, 벽파 스님. 1971년 12월.

월남전 장병 위문시 현지 사찰에서. 맨 뒷줄 왼쪽에서 세 번째 혜성 스님, 앞줄 왼쪽 두 번째 월주 스님.

월남전 당시 전투지역을 방문할 때는 민간인도 군복을 착용하는 규정이 있었다.

1971년 12월.

주월 한국 군사원조단 비둘기부대장으로부터 감사패를 받는 혜성 스님(왼쪽).
1971년 12월.

주월 한국군 막사 앞에서. 왼쪽부터 혜성 스님, 월주 스님, 벽파 스님.
1971년 12월.

국군 장병 위문을 위해 베트남 방문시 사이공 시내에서 일행과 함께.
왼쪽 두 번째 혜성 스님, 세 번째 월주 스님, 다섯 번째 벽파 스님. 1971년 12월.

베트남 참전 한국군 위문 당시 헬기를 타고 이동하는 혜성 스님과 일행.

1971년 12월.

월남전 국군 장병 위문시. 왼쪽 세 번째부터 월주 스님, 벽파 스님, 혜성 스님.
월남전 당시 전투지역을 방문할 때는 민간인도 군복을 착용하는 규정이 있었다. 1971년 12월.

월남전 당시 나트랑 공군 기지 밖에 있는 화랑사에 걸린 청담 대종사의 글씨 '불(佛)' 앞에서 혜성 스님.
화랑사는 한국군이 건립해 베트남 스님들에게 보시한 사찰이다. 1971년 12월 31일.

참회의 노래

이 혜성 글
서 창업 곡

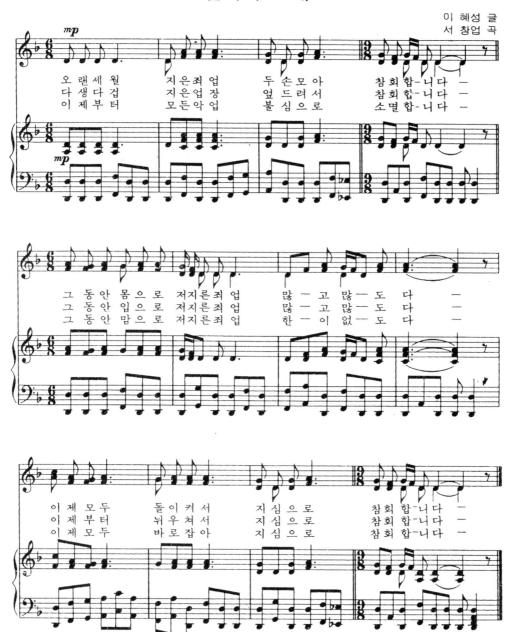

오 랜 세 월 지 은 죄 업 두 손 모 아 참 회 합-니 다 —
다 생 다 겁 지 은 업 장 엎 드 려 서 참 회 합-니 다 —
이 제 부 터 모 든 악 업 불 심 으 로 소 멸 합-니 다 —

그 동 안 몸 으 로 저 지 른 죄 업 많 — 고 많 — 도 다 —
그 동 안 입 으 로 저 지 른 죄 업 많 — 고 많 — 도 다 —
그 동 안 맘 으 로 저 지 른 죄 업 한 — 이 없 — 도 다 —

이 제 모 두 돌 이 켜 서 지 심 으 로 참 회 합-니 다 —
이 제 부 터 뉘 우 쳐 서 지 심 으 로 참 회 합-니 다 —
이 제 모 두 바 로 잡 아 지 심 으 로 참 회 합-니 다 —

420

자비방생의 노래

이 혜성 글
서 창업 곡

너무 느리지 않게

내 몸의 자유 자 재 바라고 있다 면 집 히어 죽을 목 숨
내 가족 부귀 장 성 바라고 있다 면 죄 없이 죽을 목 숨
내 삶의 영생 불 멸 바라고 있다 면 무참히 죽을 목 숨

풀 어서 살리 고 병 들은 중 - 생 을 도와 서 고 치 면
돌 이켜 살리 고 굶 주린 중 - 생 을 도와 서 보 태 면
뉘 우쳐 살리 고 고 달픈 중 - 생 을 도와 서 견 지 면

자 유는 돌아 와 서 내 몸을 지 키 네
행 복은 찾아 와 서 내 가족 섬 기 네   방 생 방 - 생,
광 명은 영겁 도 록 내 삶을 비 추 네

사 비 방생   방 생 방 - 생 고 수 방 생

421

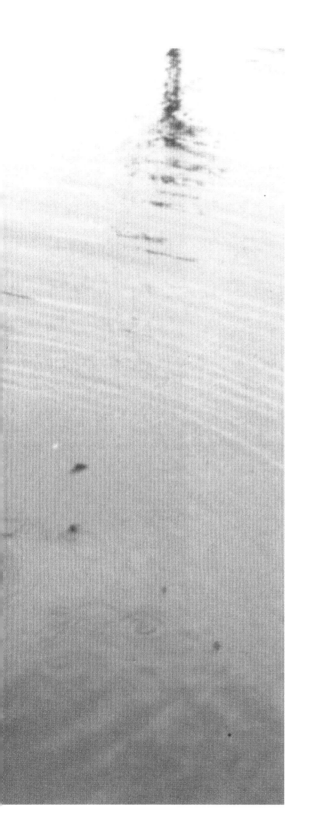

인도 성지 순례를 하면서 부처님 재세시 코살라국 수도인 사위성
남쪽에 창건한 기원정사 터에서. 1978년.

인간적인 약점 때문에 악을 저지르는 무지한 악인들은
부드러운 섭수(攝受)로써 포섭하여 선으로 돌리게 하고,
그릇된 진리 자체를 부정하는 역사의 배반자는 마땅히 힘으로 강하게 꺾어야 합니다.
그러나 부처님께서 말씀한 절복(折伏)은 항상 인욕(忍辱)이 바탕이 되어야 합니다.
왜냐면 원한으로 대하지 않고 참아야 하는 인욕은 매우 소극적인 태도처럼 보이지만,
실은 참으로 어렵고도 힘든 용기를 필요로 하는 까닭입니다.

1975년 5월 12일 '파사현정(破邪顯正)' 에서

부처님 오신 날을 맞아,

지금 우리의 눈과 마음은 물질 위주의 도시화와 기계화의 그늘에 돌려져야 하는 것입니다.

그 그늘 속에 '비인간화'라고 하는 이른바 부처님의 '인간 선언'에

역행되는 죄악이 판을 치고 있는 것을 볼 것입니다.

따라서 인간을 회복하자는 것이 부처님 오신 날의 '오신 뜻'이라면,

교도소, 보육원, 양로원 등 응달진 곳에 부처님의 광명을 비추게 하여

그들로 하여금 사람답게 살 수 있는 최소한의 여건 개선에 이바지하는 일이

'부처님 오신 날'을 참으로 뜻 깊게 축하하는 일입니다.

〈불광〉 '만고광명(萬古光明)' 1976년 5월호

가장 믿고 존경할 수 있는 도반

부산 법륜사 회주 선래 스님

"1960년대 동산, 청담 큰스님을 모실 당시 만났으니, 벌써 60년 가까운 세월이 흘렀군요. 혜성 스님하고는 가까운 도반으로 일생을 함께 보냈다고 해도 지나친 말이 아닙니다."

부산 법륜사 회주 선래 스님은 "어느새 세상 나이가 80이 되었다니 믿겨지지 않는다"면서 "가장 믿고 존경할 수 있는 도반이 바로 혜성 스님"이라고 말했다. "부처님에 대한 신심(信心)과 종단에 대한 애종심(愛宗心), 스승에 대한 존경심(尊敬心)이 철두철미하신 분입니다."

선래 스님은 "옛날 사진을 들추어 보니 범어사에서 비구계를 받을 당시 바로 옆에 혜성 스님이 서 있었다."면서 "지금도 가깝지만, 서로 마음을 터놓고 지낸 젊은 시절이 주마등처럼 스쳐 간다."고 했다.

출가 수행자에게 고향이 중요한 것은 아니지만, 그렇다고 완전히 도외시 할 수는 없다. 혜성 스님의 고향은 상주, 선래 스님의 고향은 문경이었던 점도 두 스님이 가까워진 하나의 계기였다.

물론 더 중요한 까닭은 왜색불교를 타파하고, 청정승가를 복원하기 위한 원력을 담은 불교정화운동의 선두에 선래 스님 은사인 동산 대종사, 혜성 스님 은사인 청담 대종사가 있었기 때문이다. 선래 스님은 "불교정화의 와중에 종단 살림은 매우 어려웠고, 방사도 마땅치 않아 선학원의 작은 방에서 몇 명이 함께 잠을 청해야 했다"면서 "한겨울 밤중에 해우소를 다녀오면 잠 잘 자리가 없어졌다."고 회고했다.

선래 스님은 혜성 스님과의 인연으로 도선사에서 몇 년간 주석했다. 1970년대 까지만 해도 도선사 살림이 넉넉하지 않았다. 방사도 부족하여 대중이 함께 잠을 청해야 했다. 선래 스님은 "한 방에서 자고,

한 방에서 공양을 같이했다"면서 "어려운 형편이었지만, 대중생활을 통해 많은 공부를 했다"고 돌아보았다.

"도선사가 현재의 사격(寺格)을 갖춘 것은 청담 큰스님의 뜻을 계승하여 혜성 스님을 중심으로 문도들이 합심(合心)하였기에 가능했습니다. 일일이 말하기 다 어려울 정도로 난관이 있었지만 특유의 아이디어와 추진력으로 원만하게 해결했습니다."

선래 스님은 도선사에 주석할 당시 박정희 대통령 영부인 육영수 여사의 신행 생활도 전했다. "대통령 부인이라는 티를 내지 않고, 수건을 머리에 쓰고 공양간에 들어가 설거지를 하던 모습인 눈에 선합니다. 영부인임을 내 세우기보다 보살도(菩薩道)를 실천하는데 더 열중했던 분입니다."

1974년 8월 육영수 여사 서거후 도선사에서 49재를 봉행할 당시 혜성 스님과 선래 스님이 직접 의식을 집전했으며, KBS가 TV를 통해 전국에 생방송으로 중계하기도 했다.

선래 스님은 "지금은 100세 시대라고 하는데, 법난 당시 겪은 고초의 후유증으로 혜성 스님이 건강이 좋지 않아 마음이 아프다"면서 "생자필멸(生者必滅)이지만, 인연이 다할 때까지 건강을 회복하길 바란다."고 합장했다.

이어 선래 스님은 혜성 스님 문도들에게 "은사 스님의 뜻을 잘 받들어 도선사가 더욱 발전하길 기원한다."면서 "현대와 옛날이 조화를 잘 이룬 그러한 도량이 되어 불자는 물론 국민들의 정신적 귀의처가 되도록 노력해 달라"고 당부했다.

우리들은 잃어버린 마음을 찾고 내 마음을 깨닫기 위해 용맹정진하는
참다운 불제자의 사명을 다해야 함은 물론 말세 중생들의 고통을 여의고
소원성취하는 대참회 기도도량으로 삼각산 도선사는
영원히 우리와 함께 할 것을 믿어 의심치 않는다.

'도선사와 도선국사'에서

제8부

삼각산

三角山

불사(佛事)는 부처님 일
공심(公心)으로 해야 한다

삼각산 三角山

삼각산 도선사는 혜성 스님에게 있어 '제2의 고향'이나 다름없다. 불교정화운동 실현과 종단발전을 위해 노심초사 진력을 다한 은사 청담 대종사의 시자로 가르침을 받은 도량이기에 더 그렇다. 때로는 경책을 받기고 하고, 때로는 격려 속에 수행자의 위의(威儀)를 갖추어 나간 수행처가 도선사 아닌가.

1964년 청담 대종사가 도선사 주지로 있을 무렵 재무 소임을 보면서 호국참회원(護國懺悔院) 건립을 보좌했다. 또한 문도들과 의견을 모아 백운정사를 대종사의 주석처로 삼았다. 1965년 도선사 주지로 있으면서 석불전 1차 확장불사, 독성각 신축불사, 전화 전기공사, 천불전 불사 등을 성공적으로 회향해 사격(寺格)을 일신했다. 특히 1970년 대종사를 시봉하며 도선사 진입로인 청담로를 개설하고 도로를 포장하는 불사를 성취했다. 지금은 상상도 하기 힘든 일이다. 은사 스님의 자문을 구하여 문도들과 협의해 도로를 개설했다. 2차선 4km에 이르는 길을 만들어 불자들은 물론 서울시민이 도선사를 참배하는데 어려움이 없도록 했다. 인력과 장비를 정부에서 지원했지만, 그 밖의 재원은 자체적으로 마련해야 했다. 국가경제도 어려운 상황에서 중동전쟁으로 오일쇼크까지 일어나 재정은 열악할 수 밖에 없었다. 도선사 살림도 매일 죽으로 끼니를 때워야 하는 처지였으니, 도로 개설에 소요되는 예산을 확보하는 것은 낙타가 바늘구멍을 빠져나가는 것보다 어려웠다. 이때 혜성 스님은 백방으로 재정을 마련하기 위해 뛰었고, 대중과 함께 직접 공사 현장에 뛰어들어 몸으로 때우기도 했다.

1972년에는 도선사 산내 암자인 안양암 신축불사를 회향하고, 같은해 3,305㎡(1,000평) 규모의 주차장을 완공했다. 새로 만든 도로(청담로)에는 자비무적(慈悲無敵), 방생도량(放生道場), 천지동근(天地同根), 만물일체(萬物一體) 등의 일주석(一柱石)을 건립했다. 사찰 전각을 보수 신축하고, 도로를 개설 한후 도선사는 참배객이 눈에 띄게 늘었다. 도선국사가 창건한 천년고찰(千年古刹)이었지만, 도선암(道詵庵)이란 작은 암자에 불과했던 도선사가 대찰(大刹)이자, 전국 제일의 기도도량으로 거듭났다. 이보다 앞선 1970년에는 전국 사찰에서는 처음으로 인가받은 소식지를 발간했다. 〈주간 도선법보〉가 그것으로 지금까지 50년 가까이 발행되며 불자들에게는 신심을 북돋아주고, 일반 시민들에게 불연을 맺어주고 있다. 1979년에는 월간으로 발행하는 〈여성불교〉를 창간해 여성불자들에게 불교의 가르침을 전했다.

1975년 주지 소임을 다시 맡아 도량을 정비하고 각종 기도와 법회를 활성화하는 노력을 기울였다. 그 결과 1975년 도선사가 전국 최우수 사찰로 선정되어 문화공보부장관상을 받았다. 같은 시기 혜성 스님은 호국불교 선양 공적으로 국방부 장관상을 수상한데 이어, 청담 대종사 사리탑 불사회향 공로로 종정예하의 표창을 받았다. 도선사 주지로 재임하면서 혜성 스님은 청담 대종사 석상 조성 및 점안불사, 수원지(水源池) 준공, 강북구 우이동 소재 도선사 주차장 구입(약 500평 규모) 등 '지금의 도선사'

가 가능한 토대를 마련했다. 그러나 1979년 10월 박정희 대통령이 서거한 후 집권한 신군부에 의해 이듬해 10·27법난으로 주지직을 강제로 내놓아야 했다. 한국불교 역사에서 씻을 수 없는 상처로 기록된 10·27법난 당시 억울한 누명을 쓰고 주지 소임을 빼앗겼고, 필설(筆舌)로 형언하지 못할 고초를 겪어야 했다.

제25대, 제26대 총무원장을 지낸 의현 스님은 "근세불교 중흥조이신 청담(靑潭) 조사(祖師)의 은법(恩法)을 겸한 상수(上首) 제자 혜성 대종사가 작은 토굴에 불과 하던 도선사를 수도 서울의 수행전법(修行傳法) 신앙의 전당, 안심입명(安心立命)의 귀의처로 도량을 장엄하였다." 면서 "국립현충원 내 호국지장사와 하와이 대원사를 인수하여 호국영령을 천도하고 불교 불모지인 외국에 부처님의 대법륜(大法輪)을 굴리셨다."고 강조했다. "지난(至難)한 세월의 풍상(風霜)을 묵묵히 이겨내며, 겨울에도 변하지 않는 소나무처럼 청청(靑靑)의 기상을 보여주고 있는 혜성 큰스님의 대종사(大宗師) 법계 품서를 경하하며, 후학과 불자, 국민과 인류를 위해 법(法)의 향기를 널리 전하기를 기원합니다."

법난으로 뒤집어쓴 누명이 말 그대로 누명임이 밝혀진 뒤 스님은 마음을 추스르고 호국지장사 주지를 맡았다. 서울시 동작구 국립현충원에 자리한 호국지장사는 이승만 대통령이 생전에 "만일 이곳에 절이 없었다면 내가 묻히고 싶은 땅" 이라고 했다는 최고의 명당이다. 고려 공민왕 때 보인대사(寶印大

師)가 창건한 유서깊은 사찰로, 조선시대 '오성과 한음'으로 유명한 선조 때의 중신 이항복(李恒福)과 이덕형(李德馨)이 이 절에서 과거공부를 했다고 한다. 하지만 한국전쟁으로 전사한 군인들의 유해를 봉안하는 국립묘지를 조성하는 과정에서 사찰 토지가 수용되면서 쇠락의 길을 걷고 있었다. 1985년 주지로 부임한 혜성 스님은 극락전(極樂殿)과 청심당(淸心堂)을 신축하며 도량을 정비했다. 또한 능인보전(能仁寶殿)을 이전 확장하고, 종각 이전과 삼성각(三聖閣) 확장 불사를 이루었다. 그리고 진입로를 개설하여 포장한 것은 물론 불자들과 시민들의 편의를 위해 해우소를 신축하고, 약수(藥水)를 개발하기도 했다. 이와함께 높이 7미터 규모의 지장보살 입상을 조성하는 불사를 원만히 마쳐, 국립현충원에 잠들어 있는 호국용사들의 영혼을 위로했다. 1996년에는 1000지장보살 조성불사를 봉행했다.

이상 열거한 것처럼 혜성 스님은 도선사를 전국 제일의 기도도량으로, 호국지장사를 여법한 수행정진 도량으로 장엄했다. "불사(佛事)는 부처님 일이기에 공심(公心)으로 해야 한다"는 소신에 따라 일을 추진한 당연한 결과이다. 어려움이 있으면 난관에 굴하지 않고 지혜로운 방법을 찾아 해결했던 스님의 간절한 원력이 없었으면 불가능 했을 것이다.

도선사와 호국지장사는 법회와 기도가 있는 날 뿐 아니라, 평일에도 불자와 국민의 참배가 이어지며 부처님 가르침을 전하고 있다.

도선사 호국참회원을 준공하고. 단청 불사 전의 모습이 이채롭다.
1974년.

우리 인간이 진실로 자기 스스로의 삶을 응시하기를 소원한다면,
그것은 대상적 명상에서 벗어나 초대상적 명상을 통해
자기존재와 존재자 일반과를 일치시킴으로써만이 비로소 가능한 것입니다.

1973년 '마음의 껍질을 깨는 이 아픔을…' 에서

도선사 경내에 봉안한 청담 대종사 석상 앞에서 은사의 가르침을 되새기는 혜성 스님.

청담 대종사 회갑일에 도선사 대중이 한 자리에 모였다. 앞줄 왼쪽 끝 혜성 스님. 1962년 10월.

도선사 대웅전 앞에서 사제와 함께. 왼쪽 혜성 스님.
1969년.

도선사 대웅전 옆에서 신도들과. 왼쪽 세 번째 혜성 스님.

도선사 대웅전 앞에서. 앞줄 가운데 혜성 스님.

도선寺에 國內 最大 사리塔

靑潭祖師 3周忌맞아 준공

道詵寺 경내에 세워진 사리탑.

서울 도봉區우이洞264 도선寺(주지 李○佛스님) 경내에 15일 우리나라에서 가장 큰 사리탑이 준공되어 서울의 새명소로 등장했다.

사리탑은 靑潭祖師의 3周忌를 기해 도선사신도들이 낸 성금 8천만원으로 전립된 것인데 높이 27척(8.8m) 폭 13척이다. 靑潭祖師의 舍利塔은 高麗樣式의 미비점을 보완, 黃壽永박사의 考證과 金東賢씨의 設計로 착공한지 꼭 1천일만에 준공했다.

도선사에 국내 최대 규모의 사리탑이 준공됐다는 소식을 전한 1974년 11월 15일자 〈동아일보〉 기사.
청담 조사 열반 3주기를 맞아 착공 1,000일 만에 완성됐다.

◇道詵寺, 屋外坐佛「微笑釋迦佛」 제작=道詵寺(주지 李慈慧)는 부처님 오신날 공휴일 제정을 기념하는 한국최대의 屋外坐佛「微笑釋迦佛」(사진)을 제작해 지난 6일서울 수유동도선사에서 點眼大法會를 베풀었다. 이날 點眼된 석가모니불상은 대한불교조계종이 공모한 불교미술조각전람회에서 특상으로 입상한 임우봉 신하균씨가 공동제작한 불상으로 총공사비 1천80만원이 들었다.

삼각산 도선사가 부처님오신날 공휴일 제정을 기념해 '미소석가불'을 봉안하고 점안식을 개최했다는
〈경향신문〉 보도. 1975년 3월 11일자.

청담 대종사 열반 3주기를 맞아 사리탑을 조성할 당시. 왼쪽에서 첫 번째 혜성 스님, 세 번째 원명 스님.
1974년.

부처님오신날을 맞아 불야성을 이룬 도선사 야경.
1977년.

도선사 진입로인 청담로의 1970년대 전경.

도선사 진입로인 청담로의 초기 모습.

도선사 낙성식 기념사진. 앞줄 오른쪽 끝 혜성 스님.

1963년.

도선사 대중과 함께.

앞줄 왼쪽부터 도완 스님, 현성 스님, 원명 스님, 혜명 스님, 일암 스님, 혜성 스님, 선래 스님, 호운 스님,

뒷줄 왼쪽부터 도현 스님, 도성 스님, 지성 스님, 혜덕 스님.

뒷줄 왼쪽 여섯 번째부터 현욱 스님, 혜자 스님, 동광 스님, 도연 스님.

1974년.

삼각산 도선사 신도회장 취임 기념. 왼쪽 세 번째 청담 스님, 여섯 번째 혜성 스님.
1968년.

사미계를 수지한 상좌들과 함께. 맨 앞 혜성 스님.

뒷줄 왼쪽부터 도상 스님, 도운 스님, 도해 스님, 도만 스님, 도호 스님, 도봉 스님, 도민 스님. 1974년 음력 2월 15일.

도선사 문화재 발굴 당시 출토된 동종. 현재는 청담유물관에 보관되어 있다.
오른쪽 두 번째 혜성 스님. 1974년 6월.

1974년 일본 불교를 사찰하기 위해 김포공항에서 출국하는 혜성 스님을 환송하면서.

뒷줄 왼쪽 여덟 번째 혜성 스님, 열한 번째 도완 스님, 열두번째 선래 스님.

뒷줄 왼쪽에서 세번째 박중관 교수, 앞줄 왼쪽 첫 번째 방남수 청담고 교장, 네 번째 이근엽 당시 조계종 총무원 과장.

혜성 스님이 소장으로 있는 불교사회문제연구소가 도선사 호국참회원에 일요선원을 개원했다는 소식을 전한
1973년 3월 10일자 〈경향신문〉 기사. 이 기사는 "해변참선학교와 임간(林間,숲)수련 등도 계획하고 있다"고 전하고 있어,
혜성 스님이 도선사를 중심으로 참선 수행의 대중화와 수련회를 시도했음을 확인할 수 있다.

도선사의 실달승가학원 개원 기사를 보도한 1974년 7월 26일자 〈동아일보〉 기사.

사찰에서는 처음으로 '어린이 불교학교'가 도선사에서 열렸다는 소식을 전한 1980년 8월 26일자 〈동아일보〉 기사.
8월 19일부터 22일까지 열린 여름학교에 초등학생 560명이 참여했다고 보도했다. 당시 여름불교학교장은
도선사 주지인 혜성 스님이고, 동광 스님을 비롯한 스님들과 청담학원 여교사, 도선사 청년회원 등 50여명이 지도교사를 맡았다.

도선사 호국참회원의 초창기 모습.

1973년.

도선사 호국참회원에서 학생들에게 법문을 하는 혜성 스님(왼쪽 끝).

1976년.

도선사 재무 소임을 볼 당시 석불전에서 발원문을 봉독하는 혜성 스님.

부도 앞에서. 오른쪽 혜성 스님.

동계 MRA 학생후련대회
1978. 12.

460

1978년 12월 20일부터 23일까지 도선사에서
열린 동계 MRA 학생 훈련대회 참가자들과 함께. 앞줄 가운데 혜성 스님.

462

도선사를 방문한 상주 모서초등학교 동문들과. 앞줄 가운데 혜성 스님.
1970년대 중반.

한 행사장에서 혜성 스님이 관계자에게 뱃지를 달아주고 있다.

1970년대 중반.

신도들에게 청담 대종사의 가르침과 은사 스님의 필적이 담긴 서화에 대해 설명하는 혜성 스님.
1970년대 중반.

서울 도봉구 수유3거리에 열린 지하철 3, 4호선 기공식. 오른쪽 네 번째 혜성 스님, 세 번째는 홍성우 국회의원.
1980년 2월 29일.

서울시 동대문구 전농동 성바오로병원 맞은편 맘모스백화점 개관식에서 내빈들과 테이프를 자르는 모습.
왼쪽에서 두 번째 혜성 스님. 1979년 9월 15일.

한국을 방문한 스리랑카 스님들과 혜명복지원을 찾아 어린이를 안고 환하게 웃는 혜성 스님.
왼쪽에서 두 번째. 1970년대 후반.

스리랑카 스님들과 선물을 나누며 환담하는 모습. 왼쪽에서 두 번째 혜성 스님.
1970년대 후반.

도선사 주지 시절 종무소에서 소임자들과 회의하는 혜성 스님.
1975년.

도선사 주지 시절 한국을 방문한 외국인들과 함께. 왼쪽에서 다섯 번째 혜성 스님.
1974년.

도선사 주지 당시 한국을 방문한 외국인들과 담소를 나누는 모습.
왼쪽에서 두 번째 혜성 스님, 첫 번째는 박중관 교수. 1974년.

한 행사장에서. 왼쪽에서 두 번째 혜성 스님, 오른쪽 첫 번째 원명 스님.
1977년.

티 없이 맑은 꽃 부처님의 꽃,

어둔 밤 비춰주는 부처님의 꽃,

볼수록 자비롭고 볼수록 사랑스러운 연꽃은,

우리들의 마음의 꽃,

나가자 우리들은 겨레의 연꽃,

삼천만 불심이 이룰 청담의 연꽃.

혜성 스님 작사 '연화 행진곡' 에서

부처님오신날을 맞아 삼각산 도선사 신도들이 서울 시내에서 제등행렬을 하고 있다.

1979년 5월.

강원도 철원군 한탄강에서 열린 도선사 방생법회에서 법문을 하는 혜성 스님.
1993년 음력 3월 3일.

불교정화운동과 도선사 불사에 공헌한 원로 신도를 만나 격려하는 혜성 스님.
1970년대 중반.

도선사 주지 시절 한갑진 한진흥업 회장과 담소 나누는 모습. 왼쪽 혜성 스님.
1980년 10월.

부처님오신날 봉축기념 나라와 민족을 위한 기원법회에서 노태우 대통령과 악수를 나누는 혜성 스님.

1990년 4월 27일

김영삼 대통령 당선자 부인 손명순 여사가 대선 직후 서울 강남 봉은사를 방문했다.
왼쪽부터 혜성 스님, 손명순 여사, 의현 스님, 동광 스님. 1992년 12월.

혜명복지원을 방문한 김대중 새정치국민회의 총재.
왼쪽부터 혜성 스님, 동광 스님, 김대중 총재. 1996년.

눈을 감으면 하이얀 꽃 한송이, 부처님께 올리는 연꽃 한송이, 흐린 물 구정물 가림이 없이, 호젓이 웃는 모습 연꽃 한 송이, 연꽃은 임의 꽃 부처님의 꽃, 청정한 마음에 피고 피는 꽃.

혜성 스님 작사 '연꽃 한송이' 에서

국립현충원에 있는 호국지장사 주지 재임시 대웅전 앞에서.

1988년.

이 시대 이 도량에 인연을 맺은 우리들은
도선국사와 청담큰스님의 유지와 유업을 받들어
용맹정진하여 대참회 발심으로 내마음 찾기 운동을 전개하여
퇴폐한 우리들의 마음을 안정 정화하고 참마음을 찾아야 할 것이다.

'도선사와 도선국사' 에서

호국지장사를 참배한 어린이들에게 범종의 유래에 대해 설명하는 혜성 스님.

중국 시안의 현장법사 탑 앞에서. 왼쪽 혜성 스님, 오른쪽 현성 스님.

청담 대종사 열반제 및 도선사 회주로 취임하면서 전 주지 현성 스님에게 감사패를 전달하는 모습.

왼쪽 혜성 스님, 오른쪽 현성 스님. 1992년 11월 15일.

백두산 천지에서 동생 이근우 전 청담종합고 교장과 함께. 왼쪽 혜성 스님.

1993년 가을.

백두산 천지에서. 왼쪽부터 혜자 스님, 혜성 스님, 정천 스님.
1993년 가을.

삼각산 도선사에서 법문을 하기 위해 방문한 조계종 총무원장 월주 스님과 대화를 나누는 혜성 스님.

왼쪽 월주 스님, 오른쪽 혜성 스님. 1995년.

수행을 바탕으로 정치가에게는 진리에 부합하는 정치를 제시해주고,
사업가에게는 모든 경제활동에 있어서 참된 방법을 제시해주고, 노동자에게는 일터에서,
농민에게는 논밭을 일구며 진리와 함께 살아가는 방법을 제시해 주어야 합니다.

중앙승가대 〈僧伽〉 제8호 '우리가 해야 할 일' 에서

청담문도회 회의를 마치고 도선사 대웅전 앞마당에서. 앞줄 왼쪽 여섯 번째 혜성 스님.

1996년 가을

도선사 석불전에서 참회정진 기도를 하는 혜성 스님.

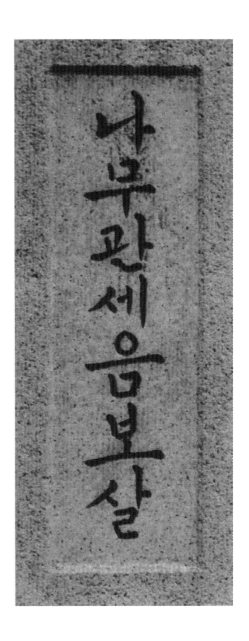

도선사 경내의 혜성 스님 친필 석주.

497

도선사 청담 대종사 입상.

도선사에 있는 청담 대종사 비. '전불심등부종수교 조계종 종정 청담조사비' 라고 적혀 있다.
비문의 왼쪽에는 이은상 작사, 김동진 작곡의 '청담 큰스님' 노래 가사가 적혀 있다.

삼각산 도선사 월례법회에서 종무원들이 스님들에게 예를 올리고 있다.

2016년 5월 30일.

삼각산 도선사 월례법회를 마치고 종무원들이 한자리에 모였다.

2016년 5월 30일.

지옥에 있는 중생을 구제하기 까지 성불을 미룬 지장보살상을
3,000분을 모신 도선사 경내. 앞에 있는 탑은 평생 중생구제의 원력을
실천한 청담 대종사 사리를 봉안하고 있다.

가을 단풍이 곱게 물든 도선사 경내. 2015년 11월.

호국지장사 전경. 2016년 3월.

호국지장사 대웅전 모습. 2016년 3월.

호국지장사 일천 지장전 모습. 2016년 3월.

김장 울력에 동참한 도선사 신도들을 격려하는 혜성 스님(오른쪽 끝).

2015년 11월.

김장 만드는 날 신도가 건네는 김장 김치를 맛보는 모습.
왼쪽부터 혜성 스님, 주지 도서 스님, 고경 스님. 2015년 11월

산수 기념 화보집 발간 준비상황에 대해 설명을 듣는 모습. 왼쪽은 도권 스님,
오른쪽은 혜성 스님. 2016년 4월.

화보집 준비 자료를 꼼꼼히 살피는 혜성 스님.

2016년 4월.

부처님오신날 봉축 법회에서 관불을 하는 혜성 스님,
왼쪽은 동광 스님, 오른쪽은 주지 도서 스님. 2016년 5월.

부처님오신날을 봉축하는 도선사 기념 법회에서 불교 의례를 하는 모습.
혜성 스님과 주지 도서 스님. 2016년 5월.

진불장 혜성 대종사
불기 2560년 부처님오신날 봉축 법어

오늘은 좋은 날입니다. 오늘은 행복한 날입니다.
성인 중의 성인이요 만고의 진리를 담뿍 깨우치고
중생들의 갈 길을 일러주신 석가모니 부처님께서
우리들에게 오신 날입니다.
비가 내려 청산은 더욱 푸르릅니다.

이 산승(山僧)이 부처님 곁에 머무른지도
어언 60년, 한 갑자(甲子)가 되었습니다.
청담 큰스님의 높으신 덕화를 따라
삼각산 도선사에 길을 내고
석불님 전에 머리를 조아리고
한국불교의 새로운 길을 찾아 떠났습니다.

근대화의 여정에서 조그만 고통은 누구나 겪었을 터,
그러나 그중에서 제일로 가슴 아픈 것은
우리 민족 고유의 정신영역이 자꾸만 외부의 것에 부딪치고
정체성을 잃어버리는 것이었습니다.

제석천신(帝釋天神)의 가호력(加護力)으로 배달의 민족이 이 땅 위에 자리 잡고
선하디, 선한 심성으로 서로를 보듬고 살아온 반만년의 세월 속에서,

우리는 부처님의 가르침을 등불로 삼아
삿된 것을 여의고 올바른 길을 걸어 왔습니다.
다른 민족을 침탈하지 아니 하였고
다른 이의 강역(疆域)을 침범하지 아니 하였습니다.

사바세계의 삶이 고단 했지만
땅을 일구고 나무를 가꾸며 생,로,병,사의 근원을 밝혀
불국정토(佛國淨土)의 이상을 향해 가고자 했습니다.

그러나 사바세계의 미묘한 작용으로
근대화의 변화에 부응하지 못한 시절,
급기야 왜의 침략으로 민족의 자유를 억압당했고
정신 영역은 왜색(倭色)으로 더럽혀졌습니다.

광복 후 선배 스님들의 분연한 의기로 왜색의 오염을 떨치고자
정진의 정진으로 청정한 한국불교의 가풍을 돌이켜 세우고자 했습니다.

이 산승(山僧)은 선방에서 화두만을 참구하는 것만이 수행이 아니라,
근대화의 과정에서 소외된 대중을 위해 무엇인가를 해야 했습니다.
그리하여 도선사를 중심으로 부처님의 자비를 실천하는 복지불교,
대중을 일깨우는 교육불교의 틀을 마련하고자 했습니다.

석가모니 부처님의 가르침을 찬탄하고 우러르는 수동적 행태에서 벗어나,
그것을 사바에서 적극적으로 실현하는 수행자로서 살아가고자 했습니다.
어느덧 세월도 흘러 종단은 이 산승(山僧)에게
대종사(大宗師)의 법계(法階)를 품서해 주었습니다.

이 산승(山僧)의 꿈은 제자들을 거쳐 사대부중에게 전해져
언젠가는 부처님의 광명과 자비, 또 올 곧은 진리의 말씀이
온 누리에 두루 펴지게 하는 것입니다.

이 산승(山僧)은 오늘 부처님오신날을 맞아
사부대중에게 이르겠습니다.

窈窈寂寂(요요적적)하야   고요하고 고요하여
不容一毫(불용일호)하니   단 하나의 움직임도 없고
勿亂淸幽(물란청유)하여   어지럽지 않고 맑고 그윽해
其意貫天(기의관천)이니라   그 뜻은 삼천세계를 꿰뚫도다.

부처님오신날을 맞아 제등행렬을 하는 도선사 주지 스님을 비롯한 소임자들과 신도들.
두 번째 줄 왼쪽부터 부주지 현관 스님, 주지 도서 스님, 기획실장 미등 스님. 2016년 5월.

보시 바라밀 실천한 삶

사단법인 지구촌공생회 이사장 월주 스님

"불교정화불사의 정신을 좌표로 삼아 받는 불교에서 주는 불교로, 실천 불교로 대자대비(大慈大悲)의 가르침을 펴기 위해 최선을 다한 종장(宗匠)의 삶이었습니다." 조계종 총무원장을 두 차례 역임한 사단법인 지구촌공생회 이사장 월주 스님(제17교구 본사 금산사 조실)은 혜성 스님의 생애를 이같이 평했다.

월주 스님은 "도선사의 사격(寺格)을 일신하고, 중고등학교를 운영하며 육영사업으로 백년대계(百年大計)를 실행한 공이 크다"면서 "혜성 스님은 육바라밀 가운데 보시바라밀 구현에 모범을 보였다"고 전했다. 월주 스님은 "세기적인 선지식(善知識)인 청담(靑潭) 대종사를 가까이 시봉하며 이사(理事)와 행(行)을 겸비한 상좌가 혜성 스님"이라면서 "유아교육부터 중등교육, 그리고 성인교육 전반에 걸쳐 승려교육에 이르기까지 교육을 통한 불국토(佛國土) 구현의 행원(行願) 보살이자 지도자로 그 역할을 해 왔다"고 말했다. "불교계의 오랜 염원이었던 중앙승가대의 4년제 학력 인정및 정규대학 승인까지 종단에서도 노력했지만 혜성 스님의 노고를 이야기 하지 않을 수 없습니다. 특히 중앙승가대 정진관 준공을 비롯한 안암학사의 정비와 김포학사 부지 5만 평 확보는 큰 업적입니다."

월주 스님은 "한국불교의 정통성과 수행승가를 회복하는데 선구자적인 역할을 한 청담 대종사의 효상좌가 혜성 스님"이라면서 "은사 스님의 뜻을 누구보다 잘 알기에 정화 정신을 계승하며 교육과 복지 등 한국불교 현대화에 구체적인 노력을 기울인 것"이라고 강조했다. "일제강점기와 해방, 한국전쟁 등 격동의 세월을 겪은 대한민국이 새롭게 발돋음 하는 과정에 혜성 스님이 일조 했습니다. 다시

한번 말하지만 교육과 복지에 대한 지대한 관심을 갖고 실천한 혜성 스님의 원력은 그 의미가 매우 큽니다."

혜성 스님과 불교정화운동을 시작으로 총무원 집행부, 중앙종회의원 등 종단의 주요 공직에서 함께 활동한 경험이 있는 월주 스님은 "1980년 신군부 등장직후 10.27법난 당시 고초를 같이 겪었다"면서 "강영훈 국무총리가 정부를 대표해 사과담화를 발표해 누명을 벗은 것은 늦었지만 다행"이라고 말했다.

법난 당시 총무원장으로 봉직하고 있던 월주 스님은 종단의 자주화를 추진하다 강제로 퇴임 당했으며, 혜성 스님도 날조된 사실에 얽혀 도선사 주지 직을 내놓아야 했다. 월주 스님은 "10 · 27법난의 부당성을 주장하고, 명예회복과 정부의 사과를 요구하는 일에 동참했던 유일한 도반이 혜성 스님"이라면서 "정부의 공식 사과를 받아내기까지 파사현정(破邪顯正), 정법구현(正法具顯)의 신념을 끝까지 지켰다"고 밝혔다.

월주 스님은 "세월이 활을 떠난 화살처럼 찰나간에 지나갔다"면서 "청년 승려로 만나 함께 종단을 위해 일한 것이 엊그제 같은데, 어느새 세수 80을 맞이하니 감회가 새롭다"고 전했다. "청담 대종사의 뜻을 계승해 종단발전과 도선사 중창불사, 그리고 교육과 사회복지를 위해 헌신한 혜성 스님은 지도자의 면목을 갖고 있으며, 많은 분들이 신뢰하고 존경합니다. 건강한 모습으로 후학과 불자들에게 불교의 가르침과 인생의 교훈을 전해주는 역할을 해주길 바랍니다."

어서 속히 부처님의 혜명(慧明)을 찾아서, 오늘의 이 슬픈 법난(法難)의 고통을 영원히 잊지말고,
부처님의 만고광명(萬古光明)을 온누리에 비추기 위해, 더욱 단합하고 정신차려 내일을 기약하자.

1980년 10 · 27법난 이후 詩 '법난'

제9부

바라밀

婆羅蜜

자비 가르침 따라
대승적으로 용서

바라밀 婆羅蜜

"권력의 부당한 종교계 개입이라는 문제점을 남긴 10·27수사 사건과 같은 사례는 다시는 되풀이 되어서는 안될 것입니다. 정부는 10·27사건으로 피해를 입은 불교계에 적절한 보상으로 실추된 권익회복과 불교발전을 위해 적극적인 지원을 아끼지 않을 것이며, 앞으로 10·27사건의 경위를 밝혀 다시는 불행한 일이 생기지 않도록 최선의 노력을 다할 것입니다." 1988년 12월 30일 강영훈 국민총리는 1980년 발생한 10·27법난에 대해 정부 입장의 '사과 담화'를 공식발표했다. 법난(法難) 발생 8년만에 명예를 회복했지만, 그 상처는 너무나 컸다. 있지도 않은 사실을 날조하고, 부풀려 한국불교와 스님들을 파렴치한 집단으로 매도했던 법난으로 혜성 대종사는 인고(忍苦)의 세월을 감내해야 했다.

1980년 10월27일 새벽3시. 무장한 군인들이 서울 도선사를 비롯한 전국 사찰을 일시에 급습했다. 한 해 앞서 박정희 대통령이 김재규 중앙정보부장의 흉탄에 서거한 후 공력 공백기를 이용해 무력으로 집권한 신군부에 의해 자행됐다. 당시 조계종 총무원장 월주 스님을 비롯해 수 많은 스님과 전국신도회 간부 등 153명의 불교계 지도자들이 강제 연행되었다. 혜성 스님은 적법한 영장도 없이 착검한 채 경내에 진입한 군인들에 의해 보안사령부 서빙고 분실로 끌려갔다. 21일간 말할 수 없는 고초를 겪었다. 보안사 합동수사단은 연행 이유를 비리와 축재라고 했지만, 합당한 이유나 근거를 제시하지 못했다. 정확한 설명도 없이 막무가내로 폭행하며 고문을 자행했다. 신군부에서 마음대로 작성한 진술서에 서명하라고 강요했다. 말로 표현할 수 없을 정도의 취조, 고문, 공갈 앞에 혜성 스님은 출가수행자의 위의(威儀)를 잃지 않기 위해 마음을 다 잡았다. 없는 잘못을 인정할 수는 없었다.

혜성 스님은 참담했던 당시 "육신은 옆구리가 찢어져 창자가 나오더라도 내 법신(法身)은 청정하리라"는 인욕의 마음으로 고초를 이겨냈다고 했다. 또한 〈관세음보살보문품〉의 "야귀가 천길 벼랑에 나를 던지더라도 관음보살의 위신력으로 터럭 하나 손상이 없다"는 경전 구절을 되뇌었다. 은사 청담 대종사의 "색즉시공(色卽是空) 공즉시색(空卽是色) 진공묘유(眞空妙有)의 법(法)이 있으니 …"라는 생전의 가르침을 마음에 새겼다고 한다.

무자비한 고문에도 입장을 굽히지 않았다. 인정할 것이 없었기 때문이다. 하지만 보안사 합동수사단은 미리 작성한 자술서를 내밀고 서명을 강요했다. 청담중·고등학교, 혜명복지원, 양로원을 국가에 헌납한다는 내용이었다. 은사 스님과 도선사 문중의 원력이 깃든 학교와 복지시설을 강제로 빼앗길 수는 없었다. 청담 대종사의 유지를 계승하기 위해 운영에서 손을 떼고, 도선사 주지직도 물러날 수밖에 없었다. 학교와 복지시설은 불행중 다행으로 도선사가 계속 운영하게 됐다.

21일 만에 서빙고 분실에서 나왔지만 몸과 마음은 엉망진창이 되어 있었다. 석방 소식을 듣고 병원으로 달려온 문도와 신도들이 스님을 보고 눈물을 흘렸다. 망가진 몸도 문제였지만, 출가수행자를 떠나

527

한 인간으로서 감당하기 힘든 모욕과 명예훼손은 스님의 마음까지 상처를 주었다. 더구나 신군부 통제하에 있는 언론에서는 사실 확인도 하지 않은채 대대적인 왜곡보도를 일삼았다.

도선사 주지를 비롯한 모든 공직(公職)에서 물러난 스님은 건강을 회복하기 위해 요양하면서 언젠가는 법난의 진상규명과 명예회복을 이루겠다고 발원했다. 신군부의 무력에 의해 자행된 10·27법난은 그 해 5월에 일어난 광주민주화운동을 강제 진압하면서 민심이 이탈하자, 국민의 시선을 돌리고, 강압적인 사회분위기를 조성하기 위해 불교계를 표적의 하나로 삼았다는 분석이 많다. 또한 10월27일은 무력으로 정권을 장악한 신군부가 구성한 국가보위비상대책위원회(국보위)에서 '국가보위입법회의법'이 통과된 날이다. 이날 서울 세종문화회관에서 제5공화국 헌법 공포식이 열렸고, 입법기구인 국회 기능을 정지시키고 이튿날 입법회의(立法會議)를 의원들에게 임명장을 주었다. 입법회의는 불교계 지도자들이 강제 연행되어 고문을 받고 있던 10월29일 서울 여의도 국회의사당에서 첫 본회의를 개최했다. 5공화국 출범에 맞춰 정권의 안정과 민주화 세력의 싹을 짓밟기 위해 불교계를 표적으로 삼았던 것이 10·27법난이었다.

이후 혜성 스님은 인고(忍苦)의 세월을 보냈다. 영원한 것이 없는 무상(無常)의 이치와 연기법(緣起法)을 알기에 언젠가는 진실이 밝혀져 억울한 누명을 벗고 명예회복을 할 수 있다고 확신했다. 망가진 몸을 추스르고, 부처님 제자답게 수행하고 정진했다.

1980년대 불교계는 10·27법난의 진상규명과 명예회복을 요구하는 목소리를 높였다. 청년, 대학생 불자는 물론 승가에서도 지속적으로 주장을 펼쳤다. 1987년 12월 6공화국 출범이후 정부는 불교계의 요구에 귀를 기울일 수 밖에 없었다. 월하, 서운, 월주, 혜성, 월탄 스님 등 법난 피해 스님들을 비롯해 범불교계 인사들이 참여한 '10·27법난 진상규명추진위원회(위원장 월주 스님)'가 만들어져 적극 대응했다. 위원회는 1988년 11월 "법난을 일으킨 책임자들은 그 입안자와 시행자 수사과정 등의 진상을 2,000만 불도(佛徒)와 전국민에게 공개 해명하고 해당자들은 발로(發露) 참회하여 용서를 빌어야 한다"고 촉구했다.

결국 정부는 국무총리 명의로 사과 성명을 발표하며 잘못을 인정했다. 국방부는 혜성 스님에 대해 "개인 소유 재산은 1억원에도 미달됐고 나머지 재산은 청담학원, 혜명복지원, 양로원의 공유재산, 그리고 사찰 공유재산이었음에도 불구하고 부정축재 재산으로 잘못 보도가 됐다"고 해명했다.

비록 정부가 사과하고 잘못된 내용을 바로 잡았지만, 혜성 스님을 비롯한 피해자들과 종단, 나아가 한국불교가 입은 상처는 심각했다. 왜곡보도와 정부의 일방적인 발표로 불교신도들이 눈에 띄고 줄어들었고, 이를 회복하는데 오랜 세월이 흘렀다.

지금은 국회에서 '10·27법난피해자의 명예회복 등에 관한 법률'이 제정되었고, 정부기구로 국무총리 산하에 10·27법난피해자명예회복심의위원회가 설치되어 운영되고 있다. 부당한 공권력에 의해 자행된 법난의 잘못을 인정하고 다시는 같은 일이 발생하지 않도록 '역사 교육의 장'을 만들기로 했다. 그 연장선상에서 진행되고 있는 것이 10·27법난 기념관 건립을 포함한 '조계종 총본산 성역화 불사'이다.

한국불교 1700년 역사에서 유례를 찾아보기 힘든 법난의 피해 당사자이지만 혜성 스님은 가해자를 미워하고 정부를 비난하지 않는다. 비록 몸과 마음의 상처를 입었지만, "우주는 한 가족이요, 은혜는 갚되 원수는 갚지 말라"는 부처님 가르침에 따라 용서했다. 물론 잘못에 대한 참회(懺悔)가 우선해야 한다. 일부 미진하고 부족한 부분이 있지만, 스님은 불가(佛家)의 자비와 인욕(忍辱)의 가르침에 따라 대승적으로 수용했다.

모든 생명체에 즐거움을 주는 것이 자(慈)요,
모든 생명체를 위해 그 괴로움을 제거하는 것이 비(悲)인 것입니다.

좋은 정치 밑에서 사람들이 자유, 평등, 평화를 누려야 할 것임은
불교적 입장과 모순되지 않을 뿐 아니라 바람직한 일임에 틀림없습니다.

부처님은 언제나 이 세상의 모든 것이 무상하며 무아(無我)라는 것을 말씀하셨습니다.
무아란 독립, 부동의 고정적 실체(實體)가 없다는 뜻입니다.
즉 모든 것은 바뀌고 움직여서 확고한 근거가 없다는 것입니다.

혜성 스님 '마음의 양식' 에서

저 딱한 중생 내가 사랑하지 않으면 누가 사랑할꼬,

꿈 깨고 보면 원수도 친구요,

마음 한번 돌리면 그대로가 내 사랑인데,

우리는 원수라고 언제나 미워하고,

꿈 속에 맺힌 한을 풀지 못하니 항상 괴롭고 고통스럽다.

너도 나도 서로 용서하고,

나도 너도 항상 사랑하며 언제나 용서하는,

자비의 마음으로 웃고 웃으며 인생을 살자꾸나.

10·27법난을 일으킨 자들을 용서하는 스님의 시 '용서'에서

1980년 10·27법난 당시 혜성 스님을 부정 축재자로 수사하라는 내용의 보안사령부 전언통신문. 1980년 10월 31일자.
제목의 '45계획'은 신군부에 의해 자행된 10·27법난의 작전 명이다.

전 언 통 신 문

1980. 10. 31.

합수

수신   수사 3국장

발신   수사단장

제목   45계획

1. 다음명은 부정축재하여 재산을 형성한 자이니 재산을 중점적
으로 수사할 것. (타인명의 재산. 비밀구좌. 기타 도피재산등)

2. 매일 일일보고 제출시어 당일 발굴한 재산 및 전체 재산 누계
를 싯가로 환산하여 보고할 것.

3. 인적 사항

   도선사 주지   이 근 배 (법명: 혁성)

4. 동 재산은 국가에 환수할 방침임.   끝.

송화자 : 수사 1국 일병 이종명

통화시간 : 13:40

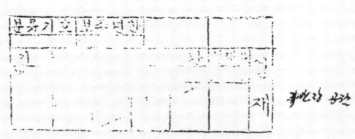

政府「10·27法難」사과

姜총리 "佛敎界상처 유감…보상 최선"

姜英勳국무총리는 30일 지난 80년10월27일 불교계수사사건 (일명 10·27法難)과 관련한 특별담화를 발표,「80년10월27일 비상계엄하에 있었던 불교계수사로 말미암아 불교도와 불교의 자존에 깊은 상처를 입히게 됐던 점은 실로 유감스러운 일이 아닐 수 없다」고 말했다.

姜총리는 또 『정부는 이른바 「10·27法難」에 대한 정부의 8년전에 일어난 이 사건으로 피해를 본 불교계에 적절한 보상으로 실추된 권익회복과 불교발전을 위해 적극적인 지원을 아끼지 않을 것』이라면서 『앞으로 「10·27」불교계수난사건의 경위를 밝혀 다시는 이같은 불행한 일이 생기지 않도록 최선의 노력을 다할 것』이라고 밝혔다.

姜총리는 이 담화에서 『당시 실제수사가 진행되기도전 에 그 사실이 수차 언론에 보도됨으로써 성직자들이 일방적으로 매도되고 마치 불교계내부가 비리의 온상인것처럼 유도되는데 대해 유감스럽게 생각한다』고 말했다.

姜총리는 이어 이날낮 徐義玄 조계종총무원장 李榮茂 태고종총무원장 田雲德 천태종무원장 등 불교계인사 15명을 서울 三淸洞 총리공관으로 초청, 오찬을 함께 했다.

강영훈 국무총리의 1980년 10·27법난을 사과하는 정부 특별담화를 보도한 신문기사. 1988년 12월 30일자 〈동아일보〉
오른쪽은 강영훈 국무총리의 담화 전문.

국무총리 담화

존경하는 불교도 여러분.

이땅에 불교가 전래된지도 벌써 1천6백여 성상(星霜)이 흘렀습니다. 불교는 우리 역사상 민족문화의 중핵(中核)으로 한민족의 문화적 긍지를 지탱해온 정신적 지주였습니다.

지금 우리나라는 눈부신 경제발전과 함께 민주화의 대도(大道)를 걷고 있으며 이러한 비약이 가능하게된 저변에는 관용과 화합을 실천적으로 전개해온 불교의 기여가 컸음을 우리는 잘 알고 있습니다.

이러한 인식에서 지난 1980년 10월27일 비상계엄하에서 있었던 불교계 수사로 말미암아 불교도 여러분 및 불교의 자존(自尊)에 깊은 상처를 입히게 됐던 점은 실로 유감스러운 일이 아닐 수 없습니다.

특히 정밀수사가 진행되기도 전에 그 사실이 수차 언론에 보도됨으로써 성직자들이 일방적으로 매도되고, 나아가 마치 불교계 내부가 비리의 온상인 것처럼 오도된데 대해서 유감스럽게 생각합니다.

또 과잉수사로 인해 귀중한 개인의 인권과 신성한 교권이 침해되고 불교계의 명예와 권익에 적지 않은 손상을 입힌 결과를 초래하게 된데 대하여 죄송스럽게 생각합니다.

두말할 나위도 없이 정치와 종교는 서로 다른 영역에서 개인과 국가의 발전을 도모하고 있습니다. 따라서 권력의 부당한 종교계 개입이라는 문제점을 남긴 10 · 27수사사건과 같은 사례는 다시는 되풀이 되어서는 안될 것입니다.

정부는 10 · 27사건으로 피해를 입은 불교계에 적절한 보상으로 실추된 권익회복과 불교발전을 위해 적극적인 지원을 아끼지 않을 것이며, 앞으로 10 · 27수사사건의 경위를 밝혀 다시는 불행한 일이 생기지 않도록 최선의 노력을 다할 것입니다.

불교도 여러분의 대승적(大乘的) 아량과 폭넓은 이해를 기대합니다.

1988년 12월 30일

국무총리(國務總理) 강영훈(姜英勳)

10 · 27법난 진상규명추진위원회 성명발표 및 기자회견에서 입장을 밝히는 혜성 스님. (앞줄 서 있는 스님).

1988년 11월 22일.

혜성 스님 10 · 27법난 손해배상 청구 '승소'
서울중앙지방법원 국사 차원 책임 '명시'

10 · 27법난 당시 강제 연행되어 무고한 피해를 당한 혜성 스님이 국가를 상대로 제기한 손해배상 청구 소송에서 승소했다.

서울중앙지방법원은 2010년 11월3일 혜성 스님에 대해 국가가 배상해야 한다고 판결했다. 이에 따라 10 · 27법난 피해자들에 대한 국가차원의 명예회복과 실질적인 보상에 대한 후속조치가 가능하게 됐다.

서울중앙지방법원 제25민사부는 판결문을 통해 "10 · 27법난은 전두환, 노태우 등 군사반란의 주모자가 주축이 된 신군부가 국가 공권력을 동원하여 자행한 사건"이라면서 "원고(혜성 스님)가 불법 구금되어 각종 고문 및 가혹행위를 당하면서 승려로서 부정축재를 하고 요정을 경영했다는 허위의 진술서를 강요당했고, 허위 내용을 언론을 통해 마치 사실인양 공개되어 명예가 훼손됐다"고 밝혔다.

이어 서울중앙지방법원은 "판결 선고일까지 (민법에 정한 규정과 소송촉진 등에 관한 특별법 등에 따라) 지연손해금을 지급할 의무가 있다"고 판결해, 10 · 27법난으로 인한 혜성 스님을 비롯한 피해자들의 명예회복과 국가 차원의 책임을 분명히 했다.

판결 당시 〈불교신문〉은 "이번 판결은 10 · 27법난 피해자에 대한 정부의 배상 책임을 물었다는 점에서 의의가 크다"면서 "2007년 10월 국방부 과거사진상규명위원회의 10 · 27법난 조사결과 보고서 발표 시점을 공소시효 기간으로 적용한 것은 부적절하다는 비판도 제기되고 있다"고 보도했다.

같은 시기 불교방송은 "한국불교 역사상 최대 사건인 10 · 27법난 당시 신군부에 강제 연행돼 수사를 받은 피해 스님에 대해 국가가 배상해야한다는 판결이 처음 나왔다"면서 "10 · 27법난 피해자들에 대한 명예회복과 실질적인 보상을 요구하는 목소리가 더욱 커질 전망"이라고 보도했다.

10 · 27법난에 대한 국가 책임을 분명히 한 서울중앙지방법원의 판결 당시 〈불교신문〉과 불교방송 보도 내용은 다음과 같다.

불교신문

혜성 스님 '10·27법난 손배소 승소' 주요내용
불법적 공권력 행사 피해
국가가 배상해야 '마땅'

1980년 신군부의 불법적인 공권력 행사로 불교계가 막대한 피해를 입은 10·27법난과 관련 당시 도선사 주지 혜성 스님(현 도선사 회주)이 제기한 손해배상청구에서 승소판결을 받았다. 지난 3일 서울중앙지방법원 제25민사부의 판결 후 9일 발부된 판결문에 따르면 불법적인 공권력 행사로 인한 피해에 대해 국가가 배상해야 한다는 내용을 담고 있다. 이번 판결은 10·27법난 피해자에 대한 정부의 배상 책임을 물었다는 점에서 의의가 크다. 하지만 2007년 10월 국방부 과거사진상규명위원회의 10·27법난 조사결과보고서 발표 시점을 공소시효 기간으로 적용한 것은 부적절하다는 비판도 제기되고 있다.

본지가 확인한 결과를 중심으로 판결문 내용을 살펴보았다.

"10·27법난은 전두환, 노태우 등 군사반란의 주모자가 주축이 된 신군부가 국가 공권력을 동원해 자행한 사건이다. 10·27법난처럼 국가권력이 대규모로 계획적, 조직적으로 특정 종교에 대한 반인륜적인 탄압을 한 사건에서는 거의 대부분이 유효한 증거자료를 피고가 보유하고 있다. 이러한 상황에서 원고의 독자적인 노력만으로 피고의 불법행위 책임의 발생 및 범위에 관한 사항을 모두 입증하라는 것은 매우 불평등한 결과를 초래한다. 따라서 국가가 보유한 증거들을 개시하여 이를 조사할 수 밖에 없다.

그래서 강영훈 전 국무총리의 사과성명이 발표되자, 불교계에서는 피고의 사과에 앞서 철저한 진상규명이 우선되어야 한다고 주장한 것이다. 하지만 강영훈 전 국무총리의 사과성명이 있은 후에도 5공특위에서 10·27법난에 대한 철저한 진상규명이나 책임자 조사는 제대로 이루어지지 않았고, 피해회복이나 명예회복을 위한 특이할 만한 조치가 이루어지지 않았다.

10·27법난은 국가권력 차원에서 경찰력 등 공권력이 조직적으로 동원되어 불법구금과 고문 등을 자행한 반인도주의적 범죄행위에 해당한다. 국민의 기본적 인권을 보호함으로써 국민 개개인의 인간으로서의 존엄과 가치를 보장하여 국민으로 하여금 행복을 추구할 권리를 향유하도록 하여야 할 임무가 있는 피고 국가가 이러한 경우에까지 시효소멸을 주장한다는 것은 국가의 존립근거와 의의를 무시하는 행위로서 신의칙에 반하여 허용되지 아니한다. 원고(혜성 스님)가 불법 구금되어 각종 고문 및 가혹행위를 당하면서 허위의 진술서 작성을 강요당했고, 허위의 내용이 언론을 통해 마치 사실인 것처럼 공개되어 승려로서는 물론이고 한 인간으로서도 쉽게 회복할 수 없을 정도로 명예가 훼손되었다.

구금되어 풀려난 후에는 승려의 생명이나 다름없는 승적을 박탈당했을 뿐만 아니라 고문으로 인해 상당한 상해를 입고 후유장애까지 남게 된 점, 그동안 피고가 진상규명을 하기까지 소요된 시간적 간격과 피해회복을 위하여 취한 조치, 기타 이 사건 변론에 나타난 모든 사정을 종합해 보면 원고가 입은 정신적 고통에 대한 위자료를 3억 원으로 정함이 상당하다." 이성수 기자

[불교신문 2672호/ 2010년 11월 17일자]

불교방송

10 · 27법난 피해자 혜성 스님 국가 상대 첫 손해배상 판결

한국불교 역사상 최대 사건인 10 · 27법난 당시 신군부에 강제 연행돼 수사를 받은 피해 스님에 대해 국가가 배상해야한다는 판결이 처음 나왔습니다. 10 · 27법난 피해자들에 대한 명예회복과 실질적인 보상을 요구하는 목소리가 더욱 커질 전망입니다.
이현용 기자가 보도합니다.

[리포트]
지난 1980년 10월 27일 새벽. 서울 도선사 주지였던 혜성 스님은 군인들에게 강제로 연행돼 신군부 합동수사단으로 끌려갔습니다. 혜성 스님은 당시 수사관들의 구타와 욕설 등 가혹행위로 탈장 증세와 언어 장애를 겪었고 몇 년 뒤에는 파킨슨병을 얻는 등 큰 고통을 감수해야 했습니다.
10 · 27법난의 대표적인 피해자인 혜성 스님은 지난해 5월 국가를 상대로 5억원의 손해배상 청구소송을 제기했고 법원은 오늘 혜성 스님의 손을 들어줬습니다.
서울 중앙지방법원 민사 25부는 오늘 열린 선고공판에서 국가는 혜성 스님에게 3억원을 지급하라고 원소 일부 승소 판결을 내렸습니다.
한국불교 역사상 최대 사건인 10 · 27법난 피해자에 대해 국가가 손해 배상을 해야한다는 판결이 나온 것은 이번이 처음입니다.
이번 소송의 실무를 맡은 청담문화센터 평생교육원 이근우 원장의 말입니다.

[인서트]
"한 젊은 스님이 정말 왕성하고 미래지향적으로 한국불교의 새 인물로 등장했었는데 느닷 없이 고문을 당하고 탈장되고... 파킨슨병에 걸려서 인생이 그냥..."
이번 판결로 10 · 27법난 피해자 명예회복에 관한 법률에 피해자 보상 규정이 반드시 포함되야 한다는 불교계 등 각계의 목소리에도 더욱 힘이 실릴 전망입니다.
이번 소송을 수행한 10 · 27법난 피해자 명예회복 심의위원회도 법난 피해자의 명예회복에 관한 법률을 개정해 본격적인 피해 보상과 명예회복이 이뤄질 수 있도록 노력하겠다고 밝혔습니다.

BBS 뉴스 이현용

[뉴스파노라마 / 2010년 11월 13일자]

541

재가제자인 방남수(도신) 청담고 교장

방남수 청담고 교장의 헌시

혜성 慧惺

새벽녘
내 몸에 뜬 별 하나

법난에 맞서다
불의에 맞서다
돌부처가 된 스님

몸은 무너져도
마음은 청솔처럼 꼿꼿했던
직립의 생이시여

이제, 내 몸에
영원히 지지 않는 별로 떠

내 갈 길
아프게 밝히고 있다.

찰나

법난이 지나고 삼십 년이 흘렀다 가누기 힘든 육신 이끌고 가는 혜성 스님 세상에 흩어진 언어들 모여 한꺼번에 쏟아진다 막힌 둑이 터지고 갇힌 언어의 물고기들 상한 지느러미 흔들며 한순간에 사라져간다 혜성 스님 하신 말씀 다 업보다 그 말씀 정수리에 와 박힌다 지나온 삼십 년이 찰나인 것처럼 다가올 삼십 년도 찰나일 것이다.

스스로 그 마음을 깨끗이 할 때,
우리는 계행(戒行)을 바로 잡을 수 있으며 행(行)이 바로 잡힐 때,
우리 마음 속 깊은 곳에서 부처님의 모습은 영롱한 달빛처럼 광명을 발(發)하게 되는 것이다.

청담중고 부처님오신날 법어

진제 종정예하에게 대종사 가사를 수여 받는 모습. 상좌 도권 스님이 대신 받아 혜성 스님에게 전했다.
왼쪽부터 진제 스님, 도권 스님, 혜성 스님, 도법 스님. 2016년 4월 20일 팔공총림 동화사.

법계 품서 후 대종사 가사를 수하는 혜성 스님. 왼쪽은 도권 스님.

2016년 4월 20일

대종사 품서식에서 대종사를 상징하는 '불자'를 봉정 받는 모습. 왼쪽 교육원장 현응 스님. 오른쪽 혜성 스님.
2016년 4월 20일.

'불자'를 봉정 받은 후. 왼쪽부터 원각 대종사, 오현 대종사, 혜성 대종사.

대종사 품서식 후 종정 예하, 원로의원, 종단 간부, 본사 주지 등과 함께.
왼쪽 열 번째 혜성 대종사. 2016년 4월 20일.

대종사 품서 후.
왼쪽부터 혜성 대종사, 원각 대종사, 종정 진제 대종사, 원로의장 밀운 대종사, 오현 대종사.

대종사 품서식에 참석한 문도들과 함께, 앞줄 가운데 혜성 대종사.

두 번째줄 왼쪽부터 도권 스님, 동광 스님, 승인 스님, 도법 스님, 도호 스님, 도견 스님.

세 번째 줄 왼쪽부터 도관 스님, 현관 스님, 성혜 스님, 진성 스님.

대종사 품서를 축하해 주기 위해 온 고등학교 동창들과 함께.

대종사 품서 후 재가제자와 청담중고, 복지관 관계자들과.
왼쪽부터 정동수 청담종합사회복지관 국장, 방남수 청담고 교장, 유종석 청담고 행정실장,
유영학 청담종합사회복지관장, 유원석 청담중 교장. 2016년 4월 20일

대종사 품서 기념 촬영에 앞서. 왼쪽 혜성 대종사, 오른쪽 원각 대종사.

대종사 품서식 후 문도 및 신도들과.

과거에도 우리는 우리 스스로 정법(正法)을 수호하기 위하여,
이 세상 그 어디 누구보다도 불교정화운동의 횃불을 먼저 들었듯이,
불교정화운동이야말로 누구도 아닌, 우리 불교인 스스로 영원히 할 것이오.

1980년 10 · 27법난 이후 詩 '불교정화'에서

이제 우리는 정성과 염원이 담긴 마음의 탑을 세웁시다.
석공의 땀과 눈물처럼 단단하고 야무지게 나만의 '탑'을 한칸 쌓읍시다.
올해는 나에게 있어서 기록될 만한 해로 만듭시다.

1996년 교지 〈마음〉 '교정을 바라보며' 에서

팔공총림 동화사에서 대종사 품서식 후 동참 대중이 통일대불 앞에서 기념촬영을 했다. 앞줄 왼쪽에서 열 번째 혜성 대종사.
2016년 4월 20일.

세간과 출세간에
불법(佛法)의 향기 전해주시길

'선묵혜자 스님과 마음으로 찾아가는 108산사순례기도회' 회주 혜자 스님

작금의 대한불교조계종은 1700년 한국불교의 찬란한 역사를 계승하며 부처님의 가르침을 전하고 있습니다. 일제강점기 왜색불교의 침탈로 정법(正法)의 당간(幢竿)이 쓰러진 아픈 역사가 있습니다. 하지만 청담 대종사를 비롯한 효봉, 동산, 금오 큰스님을 비롯한 청정 비구 비구니의 원력과 청신사 청신녀의 올곧은 정진과 원력으로 청정수행종단으로 거듭 태어났습니다.

올해 산수(傘壽)를 맞이한 사형(師兄) 혜성 대종사는 불교정화운동 당시 은사 스님을 가까이서 시봉하며 지금의 종단이 가능하도록 헌신하였습니다. 또한 자비보살이자 인욕보살로 세간과 출세간의 존경을 한 몸에 받은 청담 대종사의 유지를 계승하기 위한 원력을 한시도 잊지 않고 지금에 이르렀습니다. 특히 도선 국사가 창건한 유서 깊은 도량인 삼각산 도선사가 퇴락의 암자에 불과했을 당시, 은사 스님을 모시고 중창불사를 발원하여 대도선사(大道詵寺)로 사격(寺格)을 일신하였습니다. 국가의 안녕을 기원하고 불자는 물론 세인들의 귀의처로 호국참회도량(護國懺悔道場)으로 자리매김하여 지금은 한국을 대표하는 수행도량의 위상을 갖도록 정진하였습니다.

소납이 출가할 당시 은사 스님 시자로 종단 일과 도선사 중창을 위해 밤낮 없이 일하던 사형의 얼굴이 눈에 선합니다. 그런데 강산이 다섯 번도 넘은 세월의 흐름에 어느덧 세수 80을 맞이한다고 하니 부처님께서 강조하신 무상(無常)의 가르침이 마음에 깊이 새겨집니다. 지난 4월 늦은 감이 있지만, 사형이 종단 최고의 법계(法階)인 대종사(大宗師)를 품서 받은 것은 의미가 크다고 생각하며, 이 자리를 빌어 경하(慶賀)드리고자 합니다. 또한 산수를 맞아 대종사의 삶과 수행을 일목요연하게 정리한 〈인생 80

년, 수행 60년)이란 제목의 책을 발간하게 된 것을 기쁘게 생각합니다.

이번에 나온 책은 은사 청담 대종사의 유훈을 한시도 잊지 않고, 실현하기 위해 각고의 노력과 정진을 거듭한 혜성 스님의 삶을 오롯이 담고 있습니다. 출가 전 세속의 인연도, 은사 스님을 만나 종단과 함께한 격동의 세월도 그대로 실렸습니다. 또한 청담중고, 청담종합사회복지관, 불교사회문제연구소를 통해 부처님의 가르침과 자비를 사바세계에 회향하고자 했던 원력의 흔적도 발견할 수 있습니다. 특히 1980년 신군부에 의해 자행된 10·27법난으로 겪은 고초와 훗날 정부의 공식사과로 명예회복을 한 받은 인고의 세월도 기록하고 있습니다.

그런 까닭에 이번에 출간되는 책은 단순히 혜성 대종사 개인의 삶만 투영(投影)하고 있는 것이 아니라, 곧 대한불교조계종과 대한민국의 근현대사를 기록했다는 점에서 의미가 있습니다. 따라서 후학들에게 나침반과 같은 역할을 해줄 것이며, 한국불교가 더욱 진일보하는 인연을 주리라 생각합니다.

개인적으로는 사형이지만, 종단적으로 대종사의 법계를 품서받은 혜성 대종사가 산수를 계기로 세간과 출세간에 불법(佛法)의 향기를 더욱 널리 전해주시길 기원합니다.

상구보리의 결과를
하화중생으로 회향

하와이 무량사 주지 도현 스님

"은사 스님과 스승과 제자의 인연을 맺은지 반세기 가까운 세월이 흘렀습니다. 무상하게 흘러간 세월이 어찌 아쉽지 않겠습니까. 큰스님께서 건강을 회복하여 보다 많은 가르침을 전해 주시길 바랄 뿐입니다."

하와이 무량사 주지 도현 스님은 "은사 스님께서는 청담 큰스님을 모시고 1960년대와 70년대에 걸쳐 20여 년간 도선사 발전의 중심 역할을 하셨다"고 강조했다.

도현 스님은 은사 스님의 불사 추진에 대해 "광대한 원력과 강력한 추진력을 두루 관찰할 수 있었다"면서 "그 무렵에 청담로를 개통하여, 도선사가 수도권을 대표하는 대찰(大刹)의 위용을 갖추는 계기가 되었다"고 회고했다. 그 결과 1970년대 말에 10만 세대의 신도를 확보한 것은 물론, 호국참회(護國懺悔) 기도도량의 위상을 지니게 되었다.

"꾸준히 참선 수행과 주력(呪力) 정진을 통해 내적 깊이를 추구하시면서 성취한 결과를 중생에게 돌리셨습니다. 상구보리(上求菩提)의 결과를 하화중생(下化衆生)으로 회향하시는데, 10년, 20년, 100년 앞을 내다보는 큰 걸음이셨습니다."

도현 스님은 혜성 스님의 '하화중생' 불사를 크게 두 가지로 요약했다. 첫째는 교육불사이고, 두 번째는 사회복지불사라고 했다. 교육불사의 핵심은 평택에 있는 청담중고등학교 운영이다. 혜성 스님은 1975년 경기도 평택에 있는 팽성중학교를 인수하여, 은사 스님의 법명으로 학교 이름을 변경했다. 이듬해인 1976년에는 청담종합고등학교 인가를 받아 중학교와 함께 고등학교까지 운영하는 교육불사를

추진했다. 도현 스님은 "이후 청담종합고교는 일취월장 발전에 발전을 거듭했으며, 지금은 청담고등학교로 바뀌었다"면서 "그동안 배출된 인재들이 부처님의 제자로, 각 분야에서 활발하게 활동하며 사회에 기여하고 있다"고 말했다.

중학교 인수, 고등학교 개교에 이어 혜성 스님은 대학 설립도 추진했다고 한다. 도현 스님은 "1970년대 중반, 은사 스님은 청담학원을 기반으로 청담불교전문대학을 인가받아 운영하실 계획을 추진하고 계셨다"면서 "중고등학교 인근에 부지를 매입해 문교부 당국으로부터 내부적으로 인가를 받아 놓았다"고 회고했다. 청담 대종사의 유지를 계승하는 중고등학교와 함께 대학까지 갖춘 '매머드 교육기관' 설립이 기정사실화 됐던 것이다.

하지만 혜성 스님의 원력은 안타깝게도 실현되지 못하고 숙제로 남게 됐다. 도현 스님은 "1980년 예기치 않은 10·27법난이 발생하여 원대한 계획이 그르치고 말았다"면서 "동국대학교에 이어 또 하나의 조계종 종립 청담불교대학교가 세워지려던 순간이었는데, 너무나 안타깝다"고 아쉬움을 토로했다. "그때 일이 계속 진행되어 대학이 설립되었다면, 지금쯤 그 학교는 4년제 종합대학으로 발전했을 것"이라면서 "법난을 만나 기회가 무산 된 것을 생각하면 지금도 통탄을 금할 수 없다"고 말했다.

혜성 스님의 두 번째 하화중생 불사에 대해 도현 스님은 '사회복지'라고 강조했다. 도현 스님의 기억에 따르면 혜성 스님이 처음 복지 문제에 관심을 갖게 된 것은 1970년대 중반이다. 평소 중생구제와 어려운 이웃을 돕는 일에 각별한 관심이 있었던 스님은 1976년 김기용 보살이 운영하는 보육원을 인수해 사회복지법인 혜명복지원으로 개편해 운영하기 시작했다. 이어 도현 스님은 "지금은 복지가 대세"라면서 "은사 스님께서 처음 복지에 관심을 기울였을 때는 복지라는 말은 머나먼 선진국에서나 쓰는, 우리와는 별 관련이 없는 말이자 개념이었다"고 혜성 스님의 혜안(慧眼)을 높이 샀다. "불교가 사회의 발전에 뒤처지지 않고 오히려 앞서서 나아갈 수 있다는 것을 몸으로 보여주셨다는 점에서 혜성 큰스님은 매우 탁월한 안목의 지도자이셨던 것입니다."

이밖에도 도현 스님은 서울 근교에 20여만 평의 부지를 매입해 건설하고자 했던 '불교납골공원'과 신도들의 시주에만 의지하지 않는 '생산불교' 도입 등 혜성 스님의 다양한 불사 의지와 원력도 전했다.

도현 스님은 "1980년 10 · 27법난으로 갖가지 액난을 감내하신 은사 스님께서 전두환 정권이 물러나고 나서야 모든 누명과 억울함을 벗으셨다"면서 "정부로부터 사과를 받았지만 은사 스님은 물론 도선사와 한국불교에 지울 수 없는 큰 상처를 남겼다"고 안타까워 했다. "큰스님의 제자로서 너무 마음이 아픕니다. 하지만 앞으로는 건강을 회복하여, 스님의 원력이 장애 없이 무탈하게 성취되길 간절하게 기원합니다."

부처님은 우리 인간과 똑같이 그저 왔다가 덧없이 가신 것처럼 보이지만
실은 영원히 가시지 않고 우리를 항상 지켜보시며
우리의 마음을 밝혀주기 위해 언제나 애쓰시고 계신 눈부신 광명(光明)이십니다.

〈불교독본〉 혜성 스님 발간사에서. 1976년

세상을 앞서간
은사 스님은 선구자

호국지장사 주지 도호 스님

"우리 스님은 특히 교육 부분에서 선구자적인 큰 일을 많이 하셨습니다. 다른 종교에 비해 교육에 관심이 적었던 상황에서 학교를 설립하는 등 현대적인 감각도 있으셨습니다. 사판(事判)으로는 최고의 스님이 아니었나 싶습니다." 호국지장사 주지 도호 스님은 "처음 은사 스님을 뵈었을 때, 신언서판(身言書判)이 훌륭하신 분이란 인상을 받았다" 면서 "불사를 추진하는 데 있어서도 다각적인 측면에서 현대적인 방법을 도입해 선구자적인 면모를 보여주었다"고 강조했다. "스님께서 주지 소임을 보실 당시만 해도 도선사는 다른 큰 사찰이나 종단에서 미처 시도하지 않은 포교 전략을 세우고 다양한 방편을 시행하였습니다. 지금 돌이켜 보면 남들보다 몇 발은 앞서가는 생각을 갖고 계셨음은 분명합니다."

그 가운데 대표적인 것인 '전기 인등' 기도이다. 한국불교의 전통 가운데 발원한 일부 불자들을 위해 기름으로 불을 밝히는 '장등(長燈) 공양' 이 있었지만, 대중을 대상으로 전기를 사용해 동시에 불을 밝히는 '인등(引燈) 공양' 은 도선사가 처음 시도했다. 도호 스님은 "그 뿐만 아니라, 한꺼번에 많은 인원이 공양하기 위해 식판을 도입하거나, 스스로 설거지를 하게 하게 했다" 면서 "지금은 당연시 되는 이 같은 일들을 은사 스님께서 도선사를 통해 처음 시도했으니, 세상을 앞서 간 것은 분명하다"고 말했다.

도호 스님은 "그 어떤 스님보다 생각이 앞서고, 부지런했던 은사 스님 덕분에 상좌들은 새벽부터 밤늦게 까지 한눈 팔 틈이 없었다" 면서 "하지만 그 시절에 쌓은 복력(福力) 덕분에 지금 이 정도라도 수행하며 살아가는 게 아닌가 싶다"고 웃음을 지었다.

1970년대 도선사의 살림은 매우 어려웠다. 사중(寺中) 살림이 빠듯했지만, 청담로를 개설하고, 청담중고등학교와 혜명복지원 운영에 적지 않은 예산이 필요했다. 도호 스님의 기억에 따르면 매달 한차례 있는 관음재일 법회 일에는 공사대금 등 이런 저런 이유로 돈을 받으려고 찾아온 사람들이 줄을 섰다고 한다. "그때 스님들의 월보시가 좌차(座次)에 따라 3,000원, 5,000원, 7,000원 정도 되었을 겁니다. 그런데 거기서 1,000원씩 보시를 떼어 절 살림에 보태게 했습니다."

혜성 스님 상좌들은 법명에 도(道)자가 들어 있다. 도호 스님은 "도라는 개념에 들어 있는 그대로 '큰 길'을 잘 가라는 의미라고 생각한다"면서 "저는 호수 호(湖)를 넣어 주셨는데, 크고 넓은 호수처럼 담담하게 마음을 잘 유지해 정진하라는 뜻이라 여긴다"고 말했다. "법명을 받았으면 그 값을 해야 하는데, 잘하고 있는지 모르겠습니다."

도호 스님은 "청담 대종사와 은사 스님의 뜻에 따라 도선사가 수도 서울을 대표하는 도량으로 자리매김했다"면서 "청담문도들이 어른들의 가르침을 잘 이어 나가는데 최선을 다하고 있다"고 밝혔다.

도호 스님은 원명 스님, 은사 스님, 도서 스님에 이어 소임을 보고 있는 호국지장사 발전을 위해 노력하겠다고 했다. 도호 스님은 "여러가지 어려운 여건에도 불구하고 지금과 같은 사격(寺格)을 갖추는데, 앞서 주지 소임을 본 스님들의 역할이 컸다"면서 "저도 '잘 살고 갔구나'라는 소리를 들을 수 있게끔 최선을 다해 불사를 할 계획"이라고 발원했다.

도호 스님은 "은사 스님이 법난을 겪으시면서 커다란 고초를 당하셨다"면서 "늘 안타까운 마음으로,

속히 건강을 회복하시길 바란다"고 했다. "법난이 나기 전에 정승화 육군참모총장이 신군부에 의해 연행되어 구금되었을 때 은사 스님을 모시고 육군교도서가 있는 남한산성에 면회를 갔던 기억이 납니다. 법난 이후 도선사와 인연 있는 별(장군)이 37개나 떨어졌다는 이야기도 어슴푸레 생각이 납니다."

도호 스님은 "은사 스님이 살아오신 길을 지켜보면서 나는 어떻게 살고 있는지 늘 돌아보고 점검한다"면서 "그동안 종단에 기여한 공로를 인정받아 대종사 법계를 품서 받은 것은 고마운 일"이라고 했다. "은사 스님께서 상좌가 주지로 있는 절의 문장(門長)으로 계시면서, 마지막까지 문도들을 잘 지도해주시고, 불자들에게 가르침을 주시길 기원합니다."

깨달음이란 살아가는 생활 속에서 하나하나씩 새로운 것을 알아가는 일을 말합니다.
세상의 모든 일들을 다 알게 된 것을 대각(大覺),
즉 큰 깨달음이라고 말하는 것이죠.
그러면 깨달음을 얻는 것은 어떠한 과정을 통하여 이루어지는 것일까요.
그것은 내조(內照), 즉 자기 자신의 마음을 자세히 들여다 봄으로써
이루어진다고 부처님께서는 말씀하시고 계십니다.

청담중고 〈마음〉 혜성 스님 법문에서. 1997년

문도

사형사제
정천 스님, 혜명 스님, 혜정 스님, 설산 스님, 도우 스님

현성 스님, 원명 스님, 법화 스님, 혜운 스님, 혜덕 스님

정혜 스님, 보인 스님. 동광 스님, 혜자 스님, 광복 스님

은상좌
도현 스님, 도웅 스님, 도연 스님, 도해 스님, 도호 스님, 도민 스님

도만 스님, 도은 스님, 도서 스님, 도문 스님, 도정 스님, 도권 스님

도홍 스님, 도형 스님, 도성 스님, 도룡 스님, 도관 스님, 도법 스님

법상좌
도수(현관) 스님

재가제자
김양원(도철), 김광태(도광), 방남수(도신), 유영학(도훈), 서은화(도영)

정동수(도하), 홍주춘(도기), 안승준(도준), 정홍찬(도찬), 장완식(도암)

김현남(도윤), 안정호(도류), 안종서(도수), 김용환(도진), 유종석(도각)

편집후기

진불장(振佛獎) 혜성(慧惺) 대종사(大宗師)님.

세상에 나투신지 80년(1937년 정축년), 입산(入山) 61년 (1956년), 사미계 수지 60년 (1957년), 구족계 수지 55년 (1962년), 대종사 법계 품서(2016년 4월20일).

아! 참으로 긴 세월 이면서도 찰라(利那)였습니다.

대종사의 은사이신 청담(靑潭) 조사(祖師)의 별칭인 인욕보살(忍辱菩薩)의 길을 따라 오시기를 잘 하셨습니다. 드디어 팔공산 동화사 금강계단(金剛戒壇)에서 큰일 일구어 냈습니다. 큰스님이 계셨기에 수십의 출가제자와 재가제자들은 지천명에서 이순에 이르기까지 정진을 거듭하고 있습니다.

10.27법난의 고문 휴유증으로 병마와 싸우길 20년. 인생무상(人生無常)을 느끼고 정진하길 60년(대종사 품수), 불교복지를 위하여 40년(사회복지법인 혜명복지원), 교육불사와 포교를 위해 40년 (학교법인 청담학원 청담중고등학교, 도선법보, 여성불교), 그 결실의 결정체를 우리 모두는 보았습니다.

씨줄과 날줄을 엮어낸 큰스님의 정진을 우리는 목격했습니다. 큰스님께서 청담조사의 뒤를 따라 하셨듯 저희들도 뒤따를 것을 발원하고, 발심하옵니다. 혜성 대종사의 사진과 인연있는 분들의 회고를 담았습니다. 또한 관련 기사와 대종사의 어록을 수록 했습니다.

물심양면으로 도움을 주신 호국지장사 주지 도호 스님, 도선사 주지 도서 스님께도 감사의 말씀 드리는 바입니다. 책자를 만들기 위하여 2년 전부터 편집위원장을 맡아주신 도권(道權) 스님과 부위원장 방남수(道信) 청담고 교장 선생님께 감사의 말씀드립니다. 20년 전 대종사의 화갑문집(華甲文集)을 만들 때도 수고 하셨는데 인연이란 그런가봅니다.

재가제자로 도움을 주신 이창렬 청담중 행정실장, 유영학 청담종합사회복지관장, 서은화 청담학원 사무국장, 장성욱 도선사 봉축팀장, 유원석 청담중 교장, 류승대 청담중 교감, 유종석 청담고 행정실장 등에게도 감사드립니다. 대종사의 속가(俗家) 실제(實弟)인 이근우 전 청담고 교장과 한일기획 김철현 대표, 임종선 사진작가, 디자인 아프리카 심재광 대표, 불교신문 이성수 기자, 연중기획 김중근 대표에게도 감사 드립니다.

제불보살(諸佛菩薩의 가피지력(加被知力)으로 대종사와 선근인연(善根因緣)을 맺은 모든 불자들이 성불하시고, 항상 청안하시길 기원드리며 삼가 편집(編輯)의 변(辯)을 대신하고자 합니다.

불기 2560년(2016)년 7월 1일(음력5월 27일) 대종사 산수(傘壽)를 맞이하여
진불장 혜성 대종사 산수 기념화보집 편집위원회 합장

간행위원회

공동 간행위원장
도현 스님(하와이 무량사 주지), 도호 스님(호국지장사 주지), 도서 스님(서울 도선사 주지)

간행위원
도연 스님, 도만 스님, 도은 스님, 도정 스님

도수(현관) 스님, 도권 스님, 도홍 스님, 도형 스님

도성 스님, 도룡 스님, 도관 스님, 도법 스님

편집위원장
도권 스님(도선사 교무국장)

편집부위원장
방남수(평택 청담고 교장)

편집위원
이근우 전 청담고 교장, 유영학 청담종합사회복지관장, 서은화 청담학원 사무국장

유원석 청담중 교장, 류승대 청담중 교감, 유종석 청담고 행정실장

이창렬 청담중 행정실장, 장성욱 도선사 봉축팀장, 김철현 한일기획 대표

김중근 연중기획 대표, 이성수 불교신문 기자, 임종선 나우북 대표

심재광 디자인아프리카 대표